DA FEMINILIDADE
OITOCENTISTA

FUNDAÇÃO EDITORA DA UNESP

Presidente do Conselho Curador
Mário Sérgio Vasconcelos

Diretor-Presidente
José Castilho Marques Neto

Editor-Executivo
Jézio Hernani Bomfim Gutierre

Assessor Editorial
João Luís Ceccantini

Conselho Editorial Acadêmico
Alberto Tsuyoshi Ikeda
Áureo Busetto
Célia Aparecida Ferreira Tolentino
Eda Maria Góes
Elisabete Maniglia
Elisabeth Criscuolo Urbinati
Ildeberto Muniz de Almeida
Maria de Lourdes Ortiz Gandini Baldan
Nilson Ghirardello
Vicente Pleitez

Editores-Assistentes
Anderson Nobara
Jorge Pereira Filho
Leandro Rodrigues

ELISA MARIA VERONA

Da feminilidade oitocentista

© 2013 Editora UNESP

Direitos de publicação reservados à:
Fundação Editora da UNESP (FEU)

Praça da Sé, 108
01001-900 – São Paulo – SP
Tel.: (0xx11) 3242-7171
Fax: (0xx11) 3242-7172
www.editoraunesp.com.br
www.livraria.unesp.com.br
feu@editora.unesp.br

CIP – BRASIL. Catalogação na publicação
Sindicato Nacional dos Editores de Livros, RJ

V629d

Verona, Elisa Maria
    Da feminilidade oitocentista / Elisa Maria Verona. São Paulo: Editora Unesp, 2013.
    Recurso digital

    Formato: epDF
    Requisitos do sistema: Adobe Acrobat Reader
    Modo de acesso: World Wide Web
    ISBN 978-85-393-0423-3 (recurso eletrônico)

    1. Mulheres – Brasil – Condições sociais – Século XIX. 2. Mulheres – Brasil – História – Século XIX. 3. Livros eletrônicos. I. Título.

13-01460   CDD: 305.420981
                                                    CDU: 316.346.2-055.2(81)

Este livro é publicado pelo projeto *Edição de Textos de Docentes e Pós-Graduados da UNESP* – Pró-Reitoria de Pós-Graduação da UNESP (PROPG) / Fundação Editora da UNESP (FEU)

Editora afiliada:

Asociación de Editoriales Universitarias
de América Latina y el Caribe

Associação Brasileira de
Editoras Universitárias

A Neusa, minha mãe querida.

Sumário

Introdução 9

Parte I
1 A mulher e seu lugar social na sociedade carioca oitocentista 15
2 O discurso médico e a construção da ideia de sexo frágil 43

Parte II
3 Paradigmas do romance brasileiro no século XIX e proibições em torno de sua leitura 65
4 Entre a ficção e a construção de um padrão feminino 87

Considerações finais 111
Referências bibliográficas 115

Introdução

O Rio de Janeiro passou por transformações significativas no decorrer do século XIX. Inicialmente desencadeadas pela instalação da corte lusitana, em 1808, tais transformações adquiriram maior consistência na medida em que a situação do Estado Imperial brasileiro tornou-se mais estável – e isso se deu, como consta da historiografia, sobretudo durante o Segundo Reinado. Em meados do século, o carioca já podia contar com ruas calçadas, iluminação a gás, bondes, linha de vapores; também podia gozar de variadas opções de lazer, como teatros, bailes, centros comerciais, passeios públicos, entre outros. Em suma, a cidade conheceu um intenso processo de urbanização que repercutiu decisivamente nos hábitos e costumes de seus moradores – a cada dia mais familiarizados com os padrões europeus, sobretudo franceses, de civilidade.

Esse esforço contínuo de conferir à capital do Império um aspecto mais moderno veio acompanhado de igual disposição para a tarefa de instruir seus moradores, sobretudo por parte de uma elite letrada formada em universidades brasileiras ou europeias, que passou a desempenhar um papel importantíssimo na elaboração e consolidação das recentes instituições pátrias. Na ótica da intelectualidade oitocentista, a instrução constituía um aspecto indispensável para o aprimoramento social, peça fundamental para o desenvolvimento de uma nação civilizada. Por isso, muitos deles – políticos, jornalistas, médicos, literatos – centraram a atenção neste que julgavam ser um dos mais importantes componentes do progresso. A situação da mulher não passou alheia a essa série de modificações. Pouco a pouco, a carioca abastada assimilou novos costumes, abandonou certa reclusão que havia predominado em seu cotidiano, procurou vestir-se com maior apuro, portar-se com mais elegância e aperfeiçoar suas prendas de espírito, ou seja, buscou adaptar-se às novas circunstâncias socioculturais que decorreram do processo crescente de europeização do gosto.

Essa pesquisa focaliza justamente os impactos dessas mudanças sociais ocorridas no Rio de Janeiro nos tempos de D. Pedro II sobre a condição da mulher. Durante o reinado do segundo Pedro, ao mesmo tempo que se alargou a paisagem social de muita iaiá brasileira, papéis mais tradicionais atribuídos à mulher foram recolocados, e isso porque a mulher tinha – e esta é a hipótese central desta pesquisa – um papel a desempenhar no novo ambiente social que surgia.

A trajetória escolhida para mapear a emergência desta "nova mulher" foi a seguinte: no primeiro capítulo, tentamos situar o projeto que visava à instrução dos habitantes dentro de um conjunto mais amplo de ações, ações intimamente relacionadas com a própria construção do Estado Imperial brasileiro. Lançando mão de um variado leque de documentos (textos de viajantes, periódicos, decretos, pronunciamentos políticos etc.), buscamos abordar como essa elite letrada percebia as contínuas metamorfoses urbanas e que intervenções procurava aí promover, sobretudo no que tange à moralização da população. Nesse ponto é que a mulher ganha destaque em nossa análise. O que se esperava dela nessa nova configuração social, é a pergunta que procuramos responder.

No segundo capítulo, procuramos analisar como a medicina forjou seu espaço na sociedade carioca oitocentista e de que meios se valeu para se legitimar como um saber portador da verdade acerca da saúde dos indivíduos e propositor de uma série de novas estratégias de intervenção e controle social. Duas questões foram mais relevantes nesse ponto do texto: como os textos médicos do século XIX descreveram a mulher, ou seja, quais parâmetros de feminilidade esses profissionais utilizaram? A partir dessa definição, como definem os papéis sociais a serem desempenhados por ela no novo ambiente social?

Nos dois últimos capítulos, tem lugar uma análise mais detida de como a literatura também prestou importante contributo nesse processo de construção de uma nação "mais civilizada", como gostavam os oitocentistas. Tal como os médicos, os jornalistas, os dirigentes políticos, nossos literatos também manifestaram o desejo de propagar as luzes e cooperar para a diminuição dos vícios sociais, e o fizeram, sobretudo, por meio do romance, gênero caracterizado por maior flexibilidade de expressão, que crescentemente, ao longo do século, caiu no gosto do público. Abordamos desde os fatores que propiciaram o alargamento da produção e consumo dos conteúdos impressos até as principais tendências da crítica literária, uma crítica, como veremos, sempre bastante preocupada com a transmissão de ensinamentos morais por meio da literatura.

Encerramos o livro com um mergulho na produção romanesca oitocentista, no qual se procurou recolher descrições de tipos femininos e de seu ambiente social. Tentamos também estabelecer alguns contrapontos entre as perspectivas médicas e literárias, principalmente com relação aos papéis sociais esperados da mulher e a sua importância no novo cenário social que se compunha. Em suma, a escrita do livro norteou-se por dois eixos fundamentais: o primeiro, relacionado à tentativa de demonstrar alguns princípios partilhados pela elite letrada oitocentista; o segundo, vinculado às novas funções atribuídas à mulher nesse contexto de muitas mudanças.

Este livro é resultado da pesquisa de mestrado desenvolvida junto ao Programa de pós-graduação em História da Unesp, *campus* Franca, sob a orientação do professor Jean Marcel Carvalho França, e contou com o apoio Capes. Gostaria de agradecer imensamente a todos que me apoiaram ou que contribuíram para meu amadurecimento intelectual. Dentre essas pessoas estão o professor

Jean Marcel Carvalho França, meu orientador e principal incentivador, pessoa que me ajudou a confiar um pouco mais em mim mesma, a professora Tânia Regina de Luca, pela presença generosa e estimuladora em minhas bancas de qualificação e defesa, a professora Mary Del Priori, por sua espontaneidade tão rara no ambiente acadêmico e a professora Susani Silveira Lemos França, por ter me apresentado a tantos autores excelentes. Também não posso deixar de mencionar os amigos da pós-graduação e da graduação, dentre os quais estão Lilian Martins de Lima, Kátia Michelan, Antonio Carlos Reis, Aline Pagotto, Vanessa Dias, Claudia Francisco, Lucas Putinato, Luciana Parzewsky, Saymon Justo, Paulo Oliveira, Soraia Russo, Camila Condilo e Elaine Narcizo, e aos amigos de mais tempo, que, por sorte, ainda fazem parte da minha vida: Natalia Terassi, Fernanda Padilha, Sofia Lopes, Mayra Ishikawa e Daniela Santos. Agradecimentos especiais a minha família, em especial à Isabel de Onófrio e Maria Blás, por saberem sorrir para a vida, e a Edvaldo Verona, meu querido pai, pessoa sempre disposta a investir mais um ano em minha carreira. À Bartira Figueiredo, por compartilhar seu dia adia com o meu.

Este livro é dedicado à memória de minha mãe, Neusa Verona, uma mulher que teve muito daquela "Maria" que Milton Nascimento canta na canção e que soube me ensinar a ter apreço pela cultura.

Parte I

1
A MULHER E SEU LUGAR SOCIAL NA SOCIEDADE CARIOCA OITOCENTISTA

Ainda que desejássemos dar aos nossos leitores algumas notícias da Europa, os paquetes sucedem-se com tanta rapidez e as folhas diárias da corte relatam com tanta minuciosidade até os mais insignificantes acontecimentos do velho mundo, que desejando não ser alcunhado de massadores, vamos terminar aqui as maltraçadas linhas dessa crônica. (Jornal Novo Correio das Modas, 1854, p.112)

Esse sugestivo trecho publicado em 1854 no periódico *Novo Correio das Modas* e assinado por Sallustio – responsável pelas crônicas da quinzena que compunham o jornal –, indica o ávido interesse dos leitores cariocas pelas novidades europeias. Do contrário, as folhas diárias não teriam tanta preocupação em relatar com "minuciosidade até os mais insignificantes acontecimentos do velho mundo". É de paquete que chegavam as informações, as ideias e os produtos que alterariam profundamente o modo de vida dos habitantes da corte imperial brasileira no século XIX. Capital da colônia desde 1763 e sede da monarquia a partir da vinda da família real para o Brasil, em 1808, a cidade do Rio de Janeiro e, até mesmo, toda a província fluminense, acabaram por se transformar, segundo diversos autores que analisam o período, numa espécie de laboratório onde se testavam medidas e se avaliavam ações políticas, culturais e administrativas antes de estendê-las ao restante do país (Mattos, 1987, p.253).

A capital foi palco de transformações que impregnariam o cotidiano das pessoas, as quais, usufruindo diretamente ou não das novas possibilidades oferecidas pela urbanização, passaram a interagir com os modelos de conduta das classes mais abastadas e, não raras vezes, passaram a ter estes por referência. A nobreza lusitana, a princípio, e, mais tarde, a dita nobreza local davam o tom das mudanças na convivência social, agregando valor simbólico a seu comportamento por meio da importação de alguns elementos dos rituais da realeza europeia. Além das festividades que marcavam o calendário oficial, com toda a pompa digna de uma monarquia, uma série de medidas implementadas ao longo do período joanino objetivavam modificar o aspecto tosco da cidade e da sociedade encontradas pelos "visitantes portugueses" em 1808. Aliás, a transladação da corte é um dos marcos mais relevantes de todo o processo de mudanças sociais e culturais que o século XIX viria a conhecer. Tanto uma boa parte da historiografia quanto os próprios contemporâneos atribuíram um significado deveras importante a tal acontecimento, significado brilhantemente sintetizado na seguinte citação do conhecido viajante Johann Moritz Rugendas (apud França, 1999, p.16):

> É em 1808 que começa realmente a história do Brasil e do Rio de Janeiro; e se desde então não houve grandes acontecimentos, vitórias ou derrocadas sangrentas, susceptíveis de atrair para o país a atenção dos observadores superficiais, as modificações que ocorreram no estado intelectual e material da antiga colônia, e principalmente da capital, são da mais relevante importância.

Para Ilmar Rohloff de Mattos, o sentido atribuído à transmigração da corte portuguesa para suas extensões coloniais advém de uma lógica que organiza o que deve ser lembrado e esquecido, pela necessidade de forjar uma "ordem natural" que legitime determinada história e não outra. A história legitimada, de acordo com o autor, é aquela que conduz a um Império pautado por dois princípios essenciais: ordem e civilização. Afinal de contas, era preciso que "os homens livres do Império tanto se reconhecessem como se fizessem reconhecer como membros de uma comunidade – 'o mundo civilizado' –, a qual era animada, então, pelo ideal de progresso" (Mattos, 1987, p.12). Em seu importante estudo sobre a formação, composição e atuação da elite política imperial, José Murilo de Carvalho (2003) defende que a transposição de um grupo dirigente, treinado em Coimbra e dotado de certa homogeneidade ideológica, foi, possivelmente, mais importante para determinar os rumos do país do que a própria transmigração da corte lusitana. Essa homogeneidade ideológica de que fala Carvalho deveu-se, grosso modo, à formação jurídica em Portugal, a um treinamento no funcionalismo público e ao isolamento ideológico em relação às ditas doutrinas revolucionárias (Carvalho, 2003, p.39). Nesse caso, o processo de construção do Estado Imperial pôde contar com a intervenção consciente e deliberada de determinada força social, os Saquaremas, aos quais interessava, sobretudo, "difundir as luzes". "É preciso [...] educar o povo, inspirar-lhe sentimentos de religião e moral, melhorando-lhe assim pouco a pouco os costumes", afirma Paulino José Soares de Sousa (apud Mattos, 1987, p.264), um dos dirigentes saquaremas, em seu relatório referente ao ano de 1839. Três décadas mais tarde, em 1869, seguindo os passos do pai, o conselheiro Paulino José Soares de Souza (apud Pires de Almeida, 2000, p.116), o filho, ao ocupar o cargo de Ministro do Império voltava à carga:

> Creio que o progresso nacional é apenas a soma das atividades e das atitudes dos indivíduos e vejo a distribuição da instrução em todos os seus ramos como uma das bases do desenvolvimento da nação. Não temo afirmar que, conhecendo-se a situação do ensino de um determinado país, pode-se inferir seu estado social, seu valor político, sua situação moral e, direi mesmo, sua capacidade indus-

trial. Temos muito que fazer para dar a instrução pública, no Brasil, todo o desenvolvimento que lhe desejam aqueles que fundam suas esperanças nesta melhoria social.

Em 1879, o conselheiro Leôncio de Carvalho (apud Pires de Almeida, 2000, p.181), também Ministro do Império, retomava a tópica:

> A instrução constitui elemento vital das sociedades modernas; ela é a primeira condição de qualquer progresso material e moral, porque ela é sua luz como a liberdade é sua atmosfera. Todas as instituições dela dependem, pelo jogo regular de seu mecanismo, sobretudo aquelas que estão ligadas de um modo imediato e essencial à vida política e social das nações; porque, à medida que cresce seu fundo científico os povos descobrem novos horizontes e marcham mais seguramente em busca de seu ideal de perfectibilidade, reformando o presente, preparando o futuro e melhorando cada vez mais as condições de sua existência. Sem instrução, nenhum povo deve ser verdadeiramente livre, porque é ela que inculca no homem a consciência de seus direitos e reprime as paixões que, ao dar origem à anarquia, abrem um campo fácil a audaciosos empreendimentos da ambição. Distribuindo profusamente, em todas as classes da sociedade, os benefícios da indústria e do comércio e das artes, cujo sopro vivifica, diminuindo os crimes e purificando os costumes, é a instrução que fecunda no coração do povo o germe de atos generosos e os nobres empreendimentos; fortifica seu caráter e lhe imprime a enérgica vitalidade da qual tem necessidade, para emancipar-se da tutela do governo, assumir a responsabilidade do autogoverno.

Rui Barbosa, já no final do Império, retorna a mesma questão, convergindo na defesa do aperfeiçoamento moral para o desenvolvimento da nação. "É, com efeito, profunda convicção nossa que a influência melhoradora, prosperadora, civilizadora da instrução popular depende absolutamente da sua associação contínua, íntima, indissociável à substância do cultivo moral" (Barbosa, 1947, p.92). Falas dispersas no tempo, mas que denotam um princípio comum, partilhado ao longo do século por boa parte da elite dirigente: a adesão à ideia de civilização, ideia que conduziu a construção do Estado Imperial brasileiro. Tornar-se civilizado significou, para o período, tornar-se urbano, cortês, polido, delicado, bem educado, características que poderiam aproximar o *modus viventis* do brasileiro do *modus viventis* do europeu.

Mas não somente os dirigentes estavam preocupados com tais questões. Literatos, médicos, juristas, educadores e outros agentes sociais também enfatizaram a necessidade de intervenção na sociedade como forma de atingir o progresso, e o fizeram de diversas formas. Uma delas foi por meio dos periódicos, os quais não se cansaram de insistir em seus propósitos educativos e culturais. Em 1867, por ocasião da Exposição Universal de Paris, a comissão brasileira assim justificou o fato de enviar um catálogo de notícias sobre o Império: "Para que o Brasil seja uma das maiores nações do mundo não precisa mais do que a comunicação" (apud Schwarcz, 2004, p.396). O papel da imprensa pode ser considerado bastante significativo por constituir-se um poderoso e eficiente meio de influenciar os costumes e a moral pública – intenções geralmente explicitadas pelo próprio corpo editorial de muitos periódicos: "Como o próprio nome indica, o objetivo principal é a instrução do povo, o que, para a nossa população tão atrasada, é uma necessidade", informa a *Revista Popular* no ano de 1862 (apud Bastos, 2002, p.174). Em outros casos, nos quais as intenções dos editores não aparecem de forma tão evidente, podem ser percebidas como algo implícito ou dissolvido entre as inúmeras seções do jornal ou da revista que dirigem, como assinala a passagem retirada da seção *Pensamentos* do já citado *Novo Correio das Modas*:

> O que a escultura faz de um tosco pedaço de mármore, faz do homem a educação. O filósofo, o herói, o sábio, o homem grande ou bom frequentemente estão ocultos em um infeliz plebeu; se ele tivesse educação apropriada, sairia do invólucro em que se acha,

e haveria mostrado a todos o que era. (*Jornal Novo Correio...*, 1854, p.47)

Se, pelas definições apresentadas no dicionário, os verbos *comunicar* e *educar* podem ser considerados praticamente sinônimos, cabe pensar de que meios a sociedade oitocentista dispôs para comunicar princípios, ideias, valores, normas, que deveriam, em última instância, educar a população, no sentido de infundir novas formas de convivência social. O destaque ao papel desempenhado pela imprensa decorre do fato de que ela ajudou a tornar pública uma série de informações que, gradativamente, passaram a fazer parte do repertório intelectual da elite carioca. Por meio dela, divulgaram-se desde produtos disponíveis nas muitas lojas então abertas na corte, até as notícias que iriam entrar na ordem do dia da capital do Império – uma orquestra, uma nova lei, a iluminação a gás, a criação de um hospital específico para doentes mentais, entre tantas outras –, passando pelos mais "insignificantes acontecimentos do velho mundo". Os periódicos foram o principal meio de troca de ideias e informações entre os brasileiros alfabetizados ou não, já que bastava uma pessoa que soubesse ler para que muitos acompanhassem as novidades publicadas diariamente. Ao lado de outras instituições, a imprensa periódica imiscuiu-se no cotidiano de milhares de cariocas, contribuindo para a formação de uma sociedade letrada ou, pelo menos, mais familiarizada e receptiva aos conteúdos impressos. Além disso, e tal aspecto nos interessa aqui em particular, a imprensa periódica e a literatura tiveram uma proximidade bastante estreita ao longo do século XIX. Afinal, a primeira encarregou-se de divulgar as novidades editoriais do momento e de indicar onde estas poderiam ser adquiridas, bem como, e especialmente, de publicar entre suas páginas, notadamente no rodapé, o tão afamado folhetim.

Por meio do folhetim, nossos primeiros romancistas, entre eles Joaquim Manoel de Macedo, José de Alencar, Aluísio Azevedo e até o grande Machado de Assis, puderam alcançar um público mais amplo, já que boa parte dos livreiros e editores preferia avaliar previamente se o texto seria bem recebido pelos consumidores antes de publicá-lo no formato de livro. Já a literatura, principalmente a romanesca, não se cansou de indicar em suas histórias personagens ocupados com a leitura de jornais, como forma de representar um hábito que se queria usual entre a elite letrada. Frederic Mauro aponta que, sobretudo após 1840, houve no Brasil um triunfo do jornalismo conservador marcado justamente por essa fusão entre literatura e imprensa. Antes, a imprensa no Rio era mais instável e caracterizada por uma profunda brecha entre imprensa política e literária. Num outro aspecto, pode-se notar a variedade de periódicos – panfletários, religiosos, médicos, jurídicos, literários, femininos etc. – destinados a públicos específicos. Formas encontradas para sistematizar e dar vazão a determinados conteúdos e, principalmente, legitimar certos debates.

Principalmente a partir de 1850, a capital do Império assistiu ao surgimento de uma infinidade de jornais e revistas dedicados à mulher e à família. Meio de comunicação de grande importância na construção da esfera pública, esses periódicos contribuíram para o desenvolvimento de um espaço cultural entre as mulheres, ao tematizar diversos aspectos de suas subjetividades cotidianas. Além de proporem passatempos úteis e agradáveis, a maioria desses periódicos assumiu um compromisso bastante claro no sentido de orientar a mulher nos seus deveres familiares e domésticos (Bicalho, 1989, p.79-99). Mas houve periódicos redigidos pelas próprias mulheres, como O Jornal das Senhoras, por exemplo, primeiro do gênero no Brasil, fundado em 1852 por Joana Paula Manso de Noronha. Nele, como em outros, repetia-se o ideal de progresso da nação e a importância da mulher como um agente social capaz de exercer uma intervenção moralizadora na sociedade. A principal bandeira da imprensa feminina redigida por mulheres dizia respeito à educação, vista como única forma de garantir a emancipação do *belo sexo*. A mulher instruída poderia contribuir para a diminuição dos adeptos aos vícios que corroem a sociedade. E isso que explica a redatora do *Jornal das Senhoras* a suas assinantes, na ocasião do lançamento do periódico:

Ora! Não pode ser. A Sociedade do Rio de Janeiro principalmente, Corte e Capital do Império, Metrópole do sul d'América acolherá de certo com satisfação e simpatia o JORNAL DAS SENHORAS redigido por uma Senhora mesma: por uma americana que, se não possui talentos, pelo menos tem a vontade e o desejo de propagar a ilustração, e cooperar com todas as suas forças para o melhoramento social e para a emancipação moral da mulher. (apud Hahner, 2003, p.384)

Em suma, era necessário comunicar para "difundir as luzes" e "difundir as luzes" para se reconhecer enquanto parte de um mundo tido por civilizado.

Mas deixemos por hora essa discussão para retomá-la em outro momento. Cabe agora perceber como a cidade do Rio de Janeiro modificava-se num ritmo acelerado e como essas modificações atingiam o modo de vida da mulher, a personagem central desta trama. Personagem que, de certa forma, impõe de antemão alguns limites, principalmente no que diz respeito à documentação. É praticamente um lugar comum afirmar que o historiador dispõe de mais documentos sobre os egípcios do que sobre os núbios; muito mais sobre os espanhóis, que sobre os maias; e, é claro, muito mais sobre os homens, que sobre as mulheres. Há sempre, em uma sociedade, um grupo determinado que predomina sobre outro, e a história é uma das disciplinas que se encarregam de narrar os processos que levaram a esta partição.

Especialmente sobre a relação entre homem e mulher, esclarece o historiador Roger Chartier, "a construção da identidade feminina enraíza-se na interiorização, pelas mulheres, de normas enunciadas pelos discursos masculinos". A interação entre os sexos, como algo construído historicamente, perpassa a explicação do autor que procura definir a dominação imposta às mulheres como uma forma de violência simbólica, que pressupõe o consentimento e a apropriação feminina de modelos e de normas masculinos. O historiador aponta que o essencial é "identificar os discursos que enunciam e representam como 'natural' [...] a divisão social dos papéis e das funções"

(Chartier, 2002, p.96). Portanto, é essencial entender como cada gênero internaliza determinadas funções, sem nem ao menos se dar conta da violência simbólica que conduz as ações do cotidiano.

Essa internalização de valores de uma sociedade masculina por parte das mulheres é perceptível, por exemplo, na documentação legada pelas mulheres, poucas, que entraram no território interdito da escrita durante o século XIX brasileiro (memorialistas, romancistas, poetizas etc.). Temos o caso de Nísia Floresta que surgiu, segundo Gilberto Freyre (apud Muzart, 2000, p.177),

> [...] como uma exceção escandalosa. Verdadeira machona entre as sinhazinhas dengosas do meado do século XIX. No meio de homens a dominarem sozinhos todas as atividades extradomésticas, as próprias baronesas e viscondessas mal sabendo escrever, as senhoras mais finas soletrando apenas livros devotos e novelas que eram quase histórias de Trancoso, causa pasmo ver uma figura como a de Nísia.

Autora do livro *Direitos das mulheres e injustiças dos homens* (1832) – uma tradução livre do livro *A vindication of the rights of woman*, de Mary Wollstonecraft, ao qual muitos atribuem o mérito de ter sido o livro precursor do feminismo no Brasil – Nísia (apud Muzart, 2000, p.187) aborda, em sua obra, a necessidade das mulheres terem acesso à instrução e questiona a superioridade masculina – daí a característica de "exceção escandalosa" –, ao mesmo tempo que reafirma:

> É verdade que o emprego de nutrir as crianças nos pertence, assim como a eles unicamente pertence o de gerá-los; se este último lhes dá algum direito à estima e respeito públicos, os primeiros nos devem merecer uma porção igual, pois que o concurso imediato dos dois sexos é tão essencialmente necessário à propagação da espécie humana, que um será absolutamente inútil sem o outro.

Ora assimilando, ora recusando algumas questões referentes à sua condição social, ou apenas cogitando possibilidades de mudanças, os escritos das mulheres que viveram no Brasil do XIX ajudam a refletir sobre os condicionamentos históricos inerentes à atividade de escrever e sobre os modos de assimilação socioculturais de valores e padrões de comportamento. Nesse sentido, a preponderância dos discursos masculinos contribui para legitimar certas formas de convívio e certos papéis sociais. Além de esses discursos serem mais numerosos em quantidade, o são também em considerações referentes à mulher. Já que falamos de um período em que as carreiras públicas pertenciam quase exclusivamente aos homens, convém notar que magistrados, literatos, professores, médicos, jornalistas, em suma, os bacharéis, contribuíram decisivamente para o processo que forjou um modelo de Estado, de família e, porque não dizer, de mulher. Acerca desse novo elemento de diferenciação da sociedade oitocentista, recorramos mais uma vez a Gilberto Freyre (2003, p.228):

> A valorização social começara a fazer-se em volta de outros elementos: em torno da Europa, mas uma Europa burguesa, de onde nos foram chegando novos estilos de vida, contrários aos rurais e mesmo aos patriarcais: o chá, o governo de gabinete, a cerveja inglesa, a botina Clark, o biscoito de lata. Também roupa de homem menos colorida e mais cinzenta; o maior gosto pelo teatro, que foi substituindo a igreja; pela carruagem de quatro rodas que foi substituindo o palanquim; pela bengala e pelo chapéu-de-sol que foram substituindo a espada de capitão ou de sargento-mor dos antigos senhores rurais. E todos esses novos valores foram tornando-se as insígnias de mando de uma nova aristocracia: a dos sobrados. De uma nova nobreza: a dos doutores e bacharéis talvez mais que a dos negociantes e industriais.

Ainda segundo o mesmo autor, o predomínio do homem formado na vida política e social acentuou-se no segundo reinado, quando então a aristocracia de toga e beca passou a sobrepor-se de forma mais evidente ao tradicional patriarcado, sobretudo nos centros urbanos. Lilia Moritz Schwarcz acrescenta que D. Pedro II buscava validar um importante projeto que implicava, além do fortalecimento da monarquia e do Estado, a própria unificação nacional. Daí seu papel de incentivador da cultura enquanto elemento aglutinador de tão diversificado território, papel esse visível em suas representações iconográficas, nas quais aparece rodeado de símbolos do saber e do progresso, emblemas da nova nobreza, além do indígena, representando uma origem selvagem e exótica. A título de exemplo, recordemos algumas ocupações do jovem imperador. D. Pedro II dedicou-se à astronomia, à engenharia, à medicina, às línguas clássicas, foi presença constante em salões literários no Palácio de São Cristóvão e em reuniões do IHGB, participou de óperas e de exames no Colégio Pedro II, inaugurou exposições anuais da Academia de Belas-Artes, atuou, em suma, como mecenas das artes e da cultura. E é assim que ele próprio se percebe, como se pode notar no pequeno trecho de seu diário, escrito em 1861, que se segue:

Direi pouco de mim mesmo. Tenho o sentido da justiça e entendo que o amor deve seguir estes graus de preferência: Deus, a Humanidade, a pátria, a família e o indivíduo. Sou dotado de algum talento. Mas o que sei devo principalmente a minha aplicação; a leitura, o estudo e a educação de minhas filhas, que amo acima de tudo, são meus principais divertimentos. [...] Nasci para consagrar-me às letras e às ciências, e, tendo de ocupar uma posição política, preferiria a de presidente da República ou de ministro à de imperador. Se meu pai tivesse continuado a ser imperador, eu já teria há onze anos um assento no Senado, e teria viajado por todo o mundo. (apud Mauro, 2001, p.184)

O segundo reinado foi um período no qual processo de urbanização e europeização que atingiu o cotidiano dos cariocas ganhou maior consistência. Na verdade, as iniciativas em prol dos melhoramentos materiais e da organização da sociedade somaram-se ao longo do século, mas é após a década de 1940 do século XIX que tem início uma fase razoavelmente mais estável financeira e politicamente, principalmente se for levado em conta o período regencial e sua conturbada situação política, marcada por inúmeras rebeliões provinciais. Essa estabilidade está relacionada à prevalência de um eixo conservador que imprimiu o tom e definiu o conteúdo do Estado Imperial, que fora organizado, como mencionamos rapidamente ao abordar algumas das ideias saquaremas, sobre três alicerces essenciais: soberania, ordem e princípio monárquico (Mattos, 1987, p.108). Durante tal período o Brasil também conheceu um aumento considerável das atividades produtivas, aumento decorrente, em grande medida, do fim do tráfico negreiro, quando muitos dos capitais voltados para essa atividade passaram a ser aplicados em outros setores, sobretudo na infraestrutura e nos transportes ferroviários. O trecho seguinte, escrito por Visconde de Mauá (apud Mattos; Gonçalves, 1991, p.79), dá uma ideia clara desse processo de transferência de capitais ocorrido com a extinção do tráfico negreiro:

> Acompanhei com vivo interesse a solução desse grave problema [a extinção do tráfico negreiro]. Compreendi que o contrabando não podia reerguer-se, desde que a "vontade nacional" estava ao lado do ministério que decretava a supressão do tráfico. Reunir os capitais que se viam repentinamente deslocados do ilícito comércio e fazê-lo convergir a um centro onde pudesse ir alimentar as forças produtivas do país, foi o pensamento que me surgiu na mente, ao ter a certeza de que aquele fato era irrevogável.

Algumas datas dão um panorama dessas melhorias: 1853, calçamento das ruas com paralelepípedo; 1854, iluminação a gás; 1859, bondes puxados a burro; 1862, rede de esgoto; 1874, abastecimento domiciliar de água.

Mais uma vez, as folhas diárias também se encarregaram de noticiar a marcha rápida do progresso: "em menos de dois meses tem de presenciar os habitantes dessa capital dois dos mais notáveis progressos da indústria e da civilização modernas. O gás e os caminhos de ferro já não são um sonho para o Rio de Janeiro" (*Jornal Novo Correio...*, 1854, p.143). Malgrado as considerações empolgadas, o cuidadoso redator não deixa de prevenir os leitores:

Caminhos de ferro, barcos a vapor, teatros, passeios públicos, sociedades de baile, sociedades de melhoramento, tudo isso, havendo imoralidade, obra em sentido contrário, e se torna um precipício infalível da nação que se acha em circunstâncias tais. (ibidem, p.181)

Ou seja, o progresso material deveria vir acompanhado do "progresso moral", senão de nada adiantaria tamanho esforço no sentido de modernizar a cidade e o país.

Ao longo do segundo Reinado, a vida social no Rio de Janeiro adquire um contorno mais acabado. O carioca já podia, por exemplo, contar, em meados do século, com variado leque de opções de lazer. Em 1819, o visitante prussiano Von Leithold comentava: "Jantares, bailes, reuniões nas residências particulares são coisas ignoradas por aqui" (apud Mauro, 2001, p.50). Essa vida monótona, com poucas distrações e reuniões sociais, aos poucos, deixou de ser predominante. Além dos já citados teatros e passeios públicos, a corte passou a sediar inúmeras confeitarias, cafés, restaurantes, além das tão badaladas lojas da Rua Ouvidor. Rua própria do boato, salão ao ar livre, *boulevard des italiens*, não era preciso nem convite e nem horário para participar da exibição de elegância que conquistava cada vez mais adeptos na sociedade carioca (Pinho, 1942, p.261), como diziam os contemporâneos. Com um centro comercial liderado quase que exclusivamente por estrangeiros – que além de comerciantes, trabalhavam como alfaiates, chapeleiros, sapateiros, modistas, cabeleireiros, relojoeiros etc. –, essa rua pode ser considerada um dos locais onde as brasileiras aprenderam, às vezes com damas de pouca virtude, como se vestir e como andar na moda, preferencialmente à francesa. Tanto que, em 1862, um cronista carioca sentenciava:

Eu, que ainda há uns anos passados não podia entrar em um botequim [...] vejo agora as senhoras franqueando as confeitarias, arrastando cadeiras, sentando-se à roda das mesas, e pedindo sorvetes, nevados, doces, pastéis, vinhos, licores e cerveja aos caixeiros, como dantes nossas mães pediam a nossa gente negra, mas de portas adentro. (apud Pinho, 1942, p.257)

Outros locais de encontro também davam mostra de como os costumes alteravam-se. Sobre os inúmeros "palácios" espalhados pela corte, nos quais as ocasiões de festas e recepções eram cada vez mais frequentes, comentava-se na época:

> É de notar que em geral estas reuniões vão se tornando de dia para dia mais familiares, isto é, com menos etiquetas, e portanto mais agradáveis do que antigamente em que os homens e o sexo amável se achavam rigorosamente separados por uma certa formalidade tão estúpida quanto inexorável e inflexível. (*Jornal Novo Correio...*, 1854, p.15)

Aqui cabe um parêntese acerca da reclusão da mulher na sociedade oitocentista. É sabido que esse estereótipo, bastante divulgado por viajantes que por aqui passaram, não pode ser generalizado para todas as brasileiras das variadas etnias e classes sociais. Escravas e mulheres livres e pobres sempre gozaram de considerável liberdade pessoal, principalmente no que diz respeito às possibilidades de ir e vir. Desde os tempos coloniais, eram presença frequente nas ruas, onde podiam ser vistas geralmente a trabalho.

É sobre a mulher de elite que recaem, sem dúvida, os maiores cuidados. De acordo com um provérbio português, devia ela sair de casa somente em três ocasiões durante a vida: no seu batizado, no seu casamento e no seu sepultamento. Exagero, sem dúvida, da tradição popular, habituada que estava com a sociabilidade religiosa; todavia, a máxima serve para expressar, em boa medida, os valores morais que cerceavam a condição da mulher das classes mais abastadas, cuja honra precisava ser resguardada acima de qualquer coisa. Quando viúvas, aponta a historiografia, desfrutaram da autoridade de chefes de família – livrando-se de algumas restrições legais que recaiam sobre as casadas – e tiveram maiores oportunidades de atuação na esfera pública. Mas a dama de sociedade, no geral, permaneceu introvertida, indolente e limitada por outras convenções que imperaram ao longo século. Elas também não podiam sair desacompanhadas ou exercer profissão alguma, pois, do contrário, logo levantariam suspeitas sobre sua reputação ou posição social. O trabalho era desprestigiado por sua associação com a escravidão; somente depois da chegada de um contingente maior de imigrantes, assistiu-se ao aumento do número de mulheres brancas envolvidas em atividades produtivas.

Eram, no entanto, poucas as profissões honradas que as mulheres podiam exercer em meados do século XIX. Uma delas foi a carreira do magistério, que conquistou a aceitação pública e atraiu muitas moças e senhoras que necessitavam trabalhar para prover o próprio sustento. Ainda que a entrada das mulheres nesse campo de trabalho – em 1872 elas já somavam 1/3 do total de professores primários da capital – tenha acarretado uma diminuição salarial, também acabou por favorecer a conquista feminina de maior independência financeira. A profissão professora foi encarada como a extensão da "profissão mãe" e o "instinto maternal nato" da mulher como um poderoso aliado na difusão dos princípios de moralidade tão prezados durante o período.

Voltemos, porém, às possibilidades de diversão. Apesar das mudanças que acarretaram o aumento das práticas recreativas, a lógica social não deixava de precaver os mais afoitos quanto à necessidade de se ser reservado e moderado no gozo dos prazeres e no desfrute das alegrias. Para isso não faltaram manuais de civilidade, livros de conselhos, tratados de cortesia e códigos de etiqueta, que ditavam as regras de conduta esperadas para a convivência em sociedade. A nova agenda carioca ajuda a entender a boa receptividade que esse gênero prescritivo alcançou entre a elite brasileira em meados do século XIX. Os teatros, bailes, concertos, jantares, passeios e toda sorte de divertimento deveriam funcionar como um meio moralizador de "satisfazer às turbas o desejo de distração, que é verdadeira exigência da natureza humana" (*Jornal Novo Correio...*, 1854, p.63). Os excessos precisavam ser remediados porque a verdadeira perfeição, o fim dos esforços mais perseverantes, deveria ser a virtude. Daí a insistência em normatizar os hábitos, em cercear os impulsos, em combater os vícios e os exageros das modas. Com relação à virtude, cabe perceber que boa parte desses códigos distingue exemplos virtuosos diferentes para mulheres e homens. Enquanto no homem esperava-se polidez, urbanidade, fala inteligente e correta e, no máximo, três copos de vinho, às mulheres mais convinha a fala suave, o ar reservado, a atitude modesta e silenciosa e nada de bebidas alcoólicas, pelo menos até os quarenta anos.[1] Num artigo publicado em 1854 e intitulado "Conselhos de uma mãe a uma filha" pode-se ver com mais clareza algumas ideias que permeavam a construção social de papel feminino. Além de enaltecer as funções relacionadas à maternidade e às tarefas de casa, a autora censura as mulheres que desperdiçavam seu tempo com preocupações supérfluas, tais como o que se perde no toucador. "Uma mulher que só quer agradar a seu esposo encontra seu adorno em sua virtude". A simplicidade elegante e inocente deveria ser sempre preferida à magnificência das joias e fitas com que muitas se adornam. Também sugere dois "entretenimentos muito agradáveis", coser e bordar, não sem antes destacar:

> Uma das principais ocupações das mulheres deve ser o cuidado da sua casa [...]. Uma mulher incapaz de preencher as obrigações que lhe impõe o título de mãe de família e dona de casa, seja qual for o seu talento e sua instrução, será sempre mais ridícula e mais digna de compaixão que de estima. (*Jornal Novo Correio...*, 1854, p.69)

Outros periódicos femininos, como o *Jornal das Famílias*, por exemplo, também publicavam textos indicando como deveria ser o comportamento social adequado a uma dama, quais as atividades dignas de ocuparem seu tempo, que leituras eram mais adequadas a seu sexo e, sobretudo, quão sublimes eram suas principais missões: ser boa esposa e boa mãe. Recorre-se frequentemente a alguns contrapontos – a mulher honesta e a cortesã, a mulher anjo e a demônio,

---

[1] Ver Schwarcz, 2004, p.201.

a vida em família e a vida em sociedade –, como meio de demonstrar as características esperadas de uma exímia mãe de família e as consequências de uma vida mundana descomedida.

A mulher demônio impera nas salas, encontra em todos os olhos expressões de amor, em todos os lábios sorrisos forjados pela educação. A sua desenvoltura excita a admiração pública; os seus ditos repetem-se com prazer. Todos lhe mendigam um olhar, um suspiro, um sorriso. [...] Nesses triunfos efêmeros e passageiros cifra--se sua ventura.

A mulher anjo, pelo contrário, goza prazeres mais íntimos, mais doces, mais santos, mais duradouros. Não procura a palma da vitória nesse torneio de formosura, a que é arena o passeio, o teatro, o baile. Não procura lisonjear a sua vaidade com os aplausos públicos; dedica os seus carinhos ao esposo e a sua vida desliza-se entre flores. [...] Não almeja despertar a admiração no galanteio; para ela não há amantes que não sejam seus filhos, nem delícias que não as do lar doméstico. Despreza as intrigas das salas e vive tranquila, sem pesares e sem dissabores. Se sofre – há maridos tão infames! – procura na resignação lenitivo à sua dor, e a resignação enxuga-lhe as lágrimas. [...]

A mulher demônio só pensa em joias e luxos, em rivalizar nos vestidos com as outras, em arruinar o marido, em enfeitar a cabeça – tão despida de juízo –, em passear, dançar, e gozar essa vida buliçosa das salas, que enche de tédio e embota-lhe os sentimentos. A mulher anjo dedica-se exclusivamente aos deveres domésticos; só se enfeita para o esposo, para conservar acessa em seu coração a chama do amor, e consagrar-se a seus filhos com sublime abnegação. (apud Bicalho, 1989, p.92)

A sociedade inovava-se em vários aspectos, mas, em muitos outros, ainda se mantinha conservadora. Com a vitória das ruas sobre as casas e a consequente transformação dos hábitos e costumes do carioca (França, 1999, p.51), o lugar social da figura feminina passou por uma verdadeira reconfiguração. O padrão duplo de moralidade que caracterizou o sistema patriarcal brasileiro – no qual as oportunidades de iniciativa, de ação social, de contatos diversos cabiam aos homens, e os serviços domésticos e a criação dos filhos, às mulheres – ia, aos poucos, assimilando novas influências. A mulher da segunda metade do século deixou de ser tão alheia ao mundo exterior a sua casa, "alargou-se a paisagem social de muita iaiá brasileira no sentido de maior variedade de contatos com a vida extradoméstica" (Freyre, 2003, p.228). A igreja passou a dividir espaço com outros locais de sociabilidade – o teatro, as praças e os passeios públicos, os bailes, entre outros – e os padrões de comportamento adquiriram maior elasticidade. Pode-se mesmo falar numa valorização da figura feminina, valorização que não implicou, todavia, igualdade de direitos civis e não extrapolou os limites da casa. Temas relacionados às mulheres povoaram as pautas de médicos, religiosos, romancistas, jornalistas, todos interessados em expressar as peculiaridades da "natureza" feminina e, principalmente, sua importância para a construção de um tipo de família mais nuclear, em contraposição à família alargada que prevaleceu durante o patriarcalismo. Daí a crítica recorrente à presença escrava no interior dos lares e o aumento da preocupação com o cuidado das crianças. Acompanhemos, a propósito de tais questões, dois testemunhos de viajantes estrangeiros. O primeiro fragmento foi escrito por Thomas Lino d'Assumpção e data de 1876, o segundo é de 1853 e foi escrito pelos norte-americanos Kidder e Fletcher:

> A família está mais resumida. Consta só da que vive no ninho conjugal, pai, mãe e filhos; o resto são visitas mais íntimas [...]. Infelizmente os carinhos dos pais perdem os filhos, que chegam à idade da razão ao colo das mucamas, sempre obedecidos, sempre satisfeitos em todos os caprichos. Geralmente escolhem-se as amas entre as negras. Escravas voluntárias das crianças e leites riquíssimos e abundantes. Suportam com uma coragem admirável os caprichos destas, os berros, as longas noites em que os choros não as deixam dormir sem uma queixa e com uma paciência bestial, que faz crer que a criança está no colo dum autônomo que adquiriu a

qualidade de mulher, menos a alma. São a máquina de amamentar na sua última expressão. Representariam uma conquista do gênio do homem, se não fossem uma prova de inferioridade da espécie. A cabra substitui a mamadeira, a negra substitui a cabra, só a branca substitui a mãe! (apud Leite in Freitas, 1997, p.32)

A mãe brasileira quase invariavelmente entrega o seu filho a uma preta para ser criado. Assim que as criaturas se tornam muito incômodas ao conforto da senhora, são despachadas para a escola, e coitado do pobre professor que tem de impor-se a esse espécime irrequieto de gênero humano! [...] Não fazem isso por maldade, mas por falta de disciplina paterna. (ibidem, p.43)

A família numerosa, composta de muitos agregados, deixava aos poucos de ser predominante, pelo menos nos centros mais urbanizados, para dar lugar a uma maior privacidade, que pode ser depreendida de inúmeros documentos de época. Na própria reorganização arquitetônica das casas pode ser percebida uma oposição nítida do espaço público e privado e uma nova atitude com relação à rua. Houve a substituição gradativa do velho casarão patriarcal por sobrados menores, mais requintados na decoração e mobília e menos hostis à visitação. A sala de estar tornou-se o espaço mais propício para o convívio com os visitantes, o local onde as regras de comportamento deveriam ser observadas e a espontaneidade regulada. Neste cômodo paramentado com toda sorte de objetos importados, sinais de refinamento, um em especial contribuiu para animar os encontros e para conferir um maior destaque à mulher: falamos do piano.

No limite entre a casa e a rua estava a tão polêmica janela, intermediando os olhares de dentro para fora e vice-versa. Desde o decreto real que proibiu o uso de gelosias, as janelas garantiram aos moradores melhor iluminação e ventilação, também serviu para que moças, na maioria das vezes de reputação duvidosa, se debruçassem à espera de um pretendente. Mulheres censuráveis, foram essas que, com seus leques ou lenços, fizeram o papel de ornato à janela. A verdadeira rainha do lar deveria repudiar o que não fosse recato, discrição e virtude.

Nos periódicos a valorização da função da mulher para a formação dos indivíduos é, a todo o tempo, mencionada. Nesses discursos, a mulher branca de elite sempre aparece vinculada a características como pureza, delicadeza e sensibilidade, conhecendo, na maternidade, a experiência mais sublime de sua vida.

> Entre os povos cultos a mulher tem toda preponderância, e está representada na família, na sociedade, na literatura, nas artes [...].
> É divina a missão da mulher: nos planta a fé na alma e a virtude no coração. É o primeiro livro santo que o menino estuda: nos conselhos de sua mãe bebe a moral de deus, os princípios da religião. (apud Bastos, 2002, p.196)

O "ser mãe" adquire nesses textos um status de missão e o amor materno é sempre apresentado como um instinto nato que preenche todas as necessidades da mulher:

> Ser mãe é:
> Renunciar a todos os prazeres mundanos, aos requintes do luxo e da elegância, aos espetáculos em que se ri ou em que se chora, mas em que o espírito se deleita e abre avidamente com a sofreguidão dos sequiosos; é deixar de aparecer nos bailes, de valsar, de ir a *pic--nics* sem temer o vento, a chuva; (renunciar) a uma independência feliz, e passar as noites num cuidado incessante em sonhos curtos, leves, com o pensamento sempre preso à mesma criaturinha rósea, pequena, macia, que lhe suga o sangue, lhe magoa os braços, que a enfraquece e enche de sustos, de trabalhos e prevenções, mas que a faz abençoar a ignota providência de a ter feito mulher para poder ser mãe. (apud Bicalho, 1989, p.94)

Papel anteriormente desempenhado quase exclusivamente pela igreja, através do púlpito e do confessionário, a difusão de um discurso moralizador referente à mulher agregou novos meios de propagação, meios bastante eficazes, dentre os quais os periódicos, as novelas, os romances e os próprios manuais de civilidade já mencionados. Por entre esses ditos e escritos forjavam-se modelos que interessavam à manutenção da, tão cara, ordem social. E, nesse processo, um desenho de mulher ia sendo delineado, sobretudo por mãos masculinas.

Mas tratemos um pouco de outro aspecto da formação da mulher: a educação formal. A política educacional, durante o Império, quando comparada aos séculos precedentes, passou por uma série de mudanças significativas. Pode-se mesmo dizer que "a história da formação do Estado Imperial brasileiro oitocentista foi também a história da invenção da instrução e de sua emergência como temática" (Vainfas, 2002, p.382). Esse vínculo pode ser percebido pelas próprias intenções que norteavam a organização do ensino, quais sejam, a de contribuir para a construção da nação, para o progresso do país e para a moralização do povo. Se, por um lado, as conquistas nesse campo podem ser consideradas irrisórias diante da extensão territorial e do número de habitantes do Brasil da época, por outro, cabe entendê-las como o início de um processo que reclamava por maior acesso à instrução pública. Por meio de uma infinidade de leis, decretos, regulamentos e reformas tentava-se viabilizar um projeto que pretendia instaurar uma rede mais ampla de ensino primário, secundário e superior e garantir o derramamento da instrução e de suas "idéas mui luminosas" sobre a população.

Mencionemos rapidamente alguns dados para que o leitor tenha uma ideia do relativo desenvolvimento do setor educacional durante o período. A província contava, em 1840, com 23 escolas públicas, sendo 17 masculinas e 6 femininas. Quatro décadas mais tarde, em 1888, os relatórios administrativos apontam 426 escolas, das quais 250 de meninos, 166 de meninas e 10 mistas. Só no município neutro eram 93 escolas públicas em atividade, sendo 46 para meninos e 47 para meninas, com uma frequência em torno de 7.840 alunos. As particulares contavam com 955 matrículas nas 22 escolas disponíveis. No nível secundário havia 247 alunas frequentando a Escola Normal, 569 alunos e 219 moças frequentando o Colégio

Pedro II, 161 alunos frequentando a Escola Politécnica, 543 a Escola de Medicina e 2.144 o Liceu de Artes e Ofícios (apud Renault, 1982, p.217). Para uma população calculada em torno de 400 mil habitantes, as estatísticas demonstram que apenas 5% da população livre da corte frequentava escolas; porcentagem essa, no entanto, que aumenta um pouco se for contabilizado o ensino informal, ministrado nas casas e oferecido por meio de anúncios de jornais. As famílias mais abastadas empregavam tutores particulares ou enviavam seus filhos para instituições religiosas, ou seja, a maior parte das crianças de elite não frequentavam as escolas públicas de instrução elementar. O ensino era um bom negócio, sobretudo para os imigrantes, que habitualmente expunham nos jornais suas habilidades aos interessados em seus serviços: "Senhora estrangeira, menina de boa família, ofereceu-se para ensinar a língua francesa em casas particulares na cidade ou fora da cidade" (apud Renault, 1982, p.63, tradução nossa).

O projeto em prol da instrução era, no entanto, prejudicado por muitos entraves, frequentemente citados nos relatórios administrativos que prestavam contas das condições de ensino: queixava-se da falta de pessoas idôneas que gostariam de se dedicar ao magistério, da falta de inspeção acurada e inteligente dos poderes locais, da incúria e ignorância dos pais, a maioria dos quais não queria ou não se importava que seus filhos fossem à escola. Aliás, a questão da impermeabilidade da população ao aliciamento escolar foi apontada, repetidas vezes, como causa do atraso da instrução pública. "Difundir a instrução em um país como o nosso é tarefa quase tão enfadonha como a do enfermeiro de crianças que se recusam a ingerir a poção que há de salvá-las", escreveu o cronista do jornal *Diário do Rio de Janeiro*, em maio de 1877 (apud Renault, 1982, p.106). No ano seguinte, uma pesquisa proposta pelo Instituto Pedagógico da Província lança as seguintes questões: "Quais os meios de forçar o pai a mandar seus filhos para a escola? Deve o governo usar de rigor ou brandura?" (ibidem, p.114).

Mesmo com a lei n.1.571, de 1871, que regularizou a obrigatoriedade do ensino e estabeleceu multas e sanções em caso de seu descumprimento, convinha ao poder público ser cauteloso na adoção de medidas que pudessem melindrar a opinião pública. É o caso do dispositivo de 1862, que exigia atestado de vacinação para matrícula na província, suprimido em 1870 por ter suscitado diminuição de matriculados. Igualmente problemática foi a tentativa de adoção das aulas de ginástica na Escola Normal, ideia muitíssimo mal recebida pelos pais de alunas. A oposição chegou a tal ponto que algumas alunas, com boa frequência nas outras aulas, deixavam de ir propositalmente às aulas de ginástica, permanecendo, contudo, no prédio da escola. Tais ocorrências levaram o então presidente da província, Visconde de Prados, a extinguir a cadeira de ginástica, alegando que a mesma não preenchia os fins de sua criação em uma Escola Normal. Em seu argumento, no entanto, o presidente não desconsiderou a importância da ginástica para a educação física da mocidade, apenas pontuou que a deficiência de aparelhos e local apropriado, bem como o limitado número de pessoas que participavam efetivamente das aulas, obrigavam sua suspensão temporária.[2] Nos pareceres de Rui Barbosa acerca da reforma do ensino primário, apresentado ao parlamento em 12 de setembro de 1882, o problema da educação física para mulheres pôde ser novamente contemplado. Nesse documento, que demonstra conhecimento por parte do autor dos programas de ensino de diversos países europeus, destacaram-se as finalidades morais e sociais da ginástica, bem como sua importância para a prevenção de hábitos perigosos, para a constituição de corpos saudáveis e vigorosos e para a disciplinarização dos usos e costumes que poderiam favorecer os valores cívicos e patrióticos, imprescindíveis à defesa da nação. No entanto, se a prática de exercícios era plenamente indicada para compor o programa de ensino de meninos, para meninas a calistenia mostrava-se mais conveniente, por tratar-se de uma combinação de movimentos destinada a produzir um desenvolvimento muscular simétrico "sem prejuízo da doçura das maneiras, da graça e elegância do talhe, da

---

2 Ver Primitivo, 1939, p.264.

bela harmonia das formas femininas" (Barbosa, 1947, p.91). Diferenciação de caráter pragmático, já que o corpo do homem deveria ser preparado para agregar qualidades varonis e o da mulher, para a reprodução. Tendo em vista que a seleção cultural dos saberes e disciplinas que deveriam fazer parte do currículo escolar é condicionada por fatores de diversas ordens, cabe pensar sobre quais conteúdos eram comumente ministrados às mulheres. Em geral, à menina ensinavam-se as primeiras letras, os trabalhos de agulha e os princípios de piano; às que chegavam ao ensino secundário recebiam basicamente instrução moral e religiosa, noções de leitura, escrita e gramática, princípios de aritmética, além de costura, bordado e outros misteres de educação domésticas. No regulamento da Escola Normal, de abril de 1869, ressaltou-se justamente essa questão: "Para alunas, menos álgebra e mais o ensino de trabalhos de agulha e prendas do exercício doméstico" (Primitivo, 1939, p.195). Segundo consta no *Dicionário do Brasil Imperial*, no verbete que trata das Escolas Normais, o ensino de corte, costura e bordados perfazia um total de vinte horas semanais, enquanto o de língua portuguesa correspondia a dez horas semanais, e o de teoria pedagógica, a duas horas semanais. Afinal de contas, um destino comum era esperado por e para essas mulheres e os bancos escolares deveriam consistir em mais um dos lugares onde se ensinava e aprendia como ser menina. "O casamento as espreita e não tarda a tomá-las" (Agassiz; Agaşsiz, 1977, p.277), escreveu a senhora Elizabeth Agassiz, em 1865, não sem antes pontuar:

> Em geral, no Brasil, pouco se cuida da educação das mulheres, o nível de ensino dado nas escolas femininas é pouquíssimo elevado; mesmo nos pensionatos frequentados pelas filhas das classes abastadas, todos os professores se queixam da que lhes retiram as alunas justamente na idade em que a inteligência começa a se desenvolver. A maioria das meninas enviadas à escola aí entram com a idade de sete ou oito anos; aos treze ou quatorze são consideradas como tendo terminado os estudos. (ibidem, p.277)

A desproporção da instrução para homens e mulheres pode ser verificada na comparação entre o número de alfabetizados, obtida através do recenseamento de 1872: em cada 100 pessoas, 23 homens e 13 mulheres sabiam ler. Mas a diferenciação sexual da educação formal também pode ser averiguada noutros aspectos. Mais de meio século separa a fundação dos primeiros cursos de ensino superior no Brasil da data em que se formou a primeira mulher graduada em universidade brasileira. Trata-se de Rita Lobato Veloso Lopes, formada em medicina, na Bahia, no ano de 1887. A lei que autorizou a presença feminina em cursos superiores brasileiros foi aprovada por D. Pedro II em 19 de abril de 1879, porém, continuou reduzido o número de mulheres que passaram a frequentar faculdades. A desaprovação social em torno da mulher formada ainda era grande e a quadrinha popular podia continuar a ser repetida:

> Menina que sabe muito
> É menina atrapalhada
> Para ser mãe de família
> Saiba pouco ou saiba nada (apud Hahner, 2003, p.57)

A imprensa debateu a capacidade da mulher para atividades científicas. Os moralistas de plantão insistiam que não se deveria proceder contra as "leis da natureza", afinal, ninguém gostaria de se casar, por exemplo, com uma médica "viciada pelo contínuo costume de frequentar a rua" (ibidem, p.149). Às mulheres, sobretudo as de classe média ou baixa, cabiam as atividades que exigiam menor especialização, às quais se dispensava pouco prestígio, como o magistério e a enfermagem. Nos termos da moral pública, a medicina era incompatível com a mulher honrada, a dama de elite deveria permanecer em sua casa e ocupar-se de seus filhos.

Mas além da hostilidade pública, outros obstáculos dificultaram o acesso da mulher aos cursos superiores. Com exceção das Escolas Normais, foram tardios e poucos os estabelecimentos de ensino secundário públicos que abriram suas portas ao "sexo frágil". E manter as meninas em escolas secundárias particulares era custoso demais para pouco retorno.

Pode-se dizer que a instrução feminina, durante o século XIX, norteou-se pelos princípios expostos na lei de 1827, considerada a primeira tentativa de impor uma política nacional de instrução no país, na qual se pode ler:

> As mulheres carecem tanto mais de instrução, porquanto são elas que dão a primeira educação aos filhos. São elas que fazem os homens bons e maus; são as origens das grandes desordens, como dos grandes bens; os homens moldam sua conduta aos sentimentos delas. (apud Del Priori, 2000, p.447)

Certamente, as disposições legislativas sofreram muitas alterações ao longo do século, o que, no entanto, não contribuiu para modificar substancialmente essas determinações iniciais: a instrução da mulher não deveria extrapolar o necessário para bem educar os filhos.

Vê-se, pois, que os territórios interditos à mulher não foram poucos no Brasil do século XIX. Nessa breve análise da instrução e dos periódicos destinados à formação feminina ao longo do Oitocentos pudemos perceber como se construiu, gradativamente, a ideia de uma mulher sensível e frágil, e como tais características vincularam-se à questão da maternidade. Muitas são as falas que deixam escapar e vários os locais de onde se pronuncia um discurso orientado pela divisão social dos papéis entre os sexos. Numa crônica que felicita as "amáveis leitoras" pela entrada do ano de 1854, publicada no jornal *Novo Correio das Modas*, podemos visualizar essa questão de forma bastante clara. O cronista, ao apresentar a coluna, justifica sua opção por escrever apenas sobre festas, bailes, passeios e outras sortes de prazeres, divertimentos e folguedos, recorrendo ao depoimento de uma mulher espirituosa e bela que lhe disse o seguinte:

> Não posso aturar um homem que me fala continuamente de guerra! Creio mesmo que a imaginação delicada do nosso sexo

magoa-se com as narrações de seus feitos sanguinários. Há tanto assunto na vida que bem escusado é mostrar-nos o quadro somente pelo seu lado tenebroso. (*Jornal Novo Correio...*, 1854, p.16)

A essa "imaginação delicada", relacionada intrinsecamente com a ideia de menor capacidade intelectual, deveu-se, em boa parte, a necessidade de tutela que restringiu a atuação da mulher à esfera doméstica. Por certo que o Rio não era mais o mesmo e nem as mulheres as mesmas. Mudanças e permanências confundiam-se em práticas cotidianas naturalizadas. Os costumes custaram a ceder a novos hábitos e a transição da condição feminina no século XIX foi lenta, sutil e gradual.

2
O DISCURSO MÉDICO E A CONSTRUÇÃO DA IDEIA DE SEXO FRÁGIL

> A mulher tem por apanágio o temperamento nervoso: especialmente as que habitam as grandes cidades e cortes, as que cultivam a música e a dança, frequentam teatros, bailes etc., gozam desse temperamento. E é a ele que o sexo deve em geral sua grande sensibilidade, que o torna tão impressionável [...]. É, portanto, de primeira obrigação evitar tudo que possa entreter a excitabilidade desse sistema.
>
> (Anais de Medicina Brasiliense, 1849 apud Oda; Dalgalarrondo, 2000, p.22)

No primeiro capítulo, analisamos alguns discursos referentes ao papel social da mulher veiculados pela imprensa periódica e procuramos esclarecer em que medida a emergência dessa temática associou-se a uma reconfiguração do lugar da mulher na sociedade carioca. Tentamos demonstrar também que essa reconfiguração deveu-se, sobretudo, a mudanças de ordem socioculturais assinaladas ao longo do texto.

Nesse segundo capítulo, o procedimento mantém-se praticamente o mesmo: continuamos a observar como a mulher foi abordada pelos inúmeros documentos de época. A especificidade da análise que se segue decorre do fato de acrescentarmos ao enfoque até aqui esmiuçado outra perspectiva: as reflexões médicas acerca do *belo sexo*, pois ao olhar médico não escaparam os pormenores da *natureza* feminina, abordados frequentemente em teses defendidas nas duas faculdades de medicina do país ou em variados artigos publicados na imprensa especializada da época.

Mas antes de aprofundar essa questão, cabe examinar, em linhas gerais, algumas medidas que favoreceram o processo de legitimação do saber médico em território brasileiro. O processo inicia-se em 1829, ano de origem da Sociedade de Medicina do Rio de Janeiro, corporação que se encarregou de elaborar um conjunto de ações que tinham como propósito uma intervenção ampla e imediata no meio sociourbano. Dois objetivos fundamentais conduziram as atividades da Sociedade: a melhoria da saúde pública e a defesa da ciência médica. Na verdade, a consciência da doença como problema social começou a delinear-se desde inícios do século, quando as relações entre Estado, sociedade e medicina começaram a ser orientadas por novas diretrizes: fazia-se necessário conhecer o meio para transformá-lo. A ideia de prevenção, nesse caso, justificou a investida médica nos mais diversos setores. Medidas de administração pública, norteadas por preocupações de ordem sanitária, foram implementadas no sentido de converter o espaço urbano em um local mais organizado e, consequentemente, menos exposto aos focos de doenças.

A Sociedade de Medicina, nesse caso, só continuou a tarefa de melhor esquadrinhar os problemas do crescimento urbano. Além disso, essa instituição desempenhou um importante papel para a consolidação da influência médica, sobretudo por meio de várias comissões então formadas (de moléstias reinantes, de vacinação, de consultas gratuitas, de salubridade geral, entre outras), que buscavam instaurar os preceitos *científicos* da medicina na sociedade carioca e estreitar as relações da categoria com o Estado.

Quanto à defesa da ciência médica, a Sociedade encarregou-se de elaborar os projetos das faculdades de medicina, fundadas em 1832, as quais cumpriram a função de formar profissionais e "produzir" conhecimentos que deveriam orientar a intervenção da medicina, além de combater a atuação dos charlatões.

Numa rápida análise dos títulos das teses (pequenas monografias de 30 a 50 páginas, em média) apresentadas à Faculdade de Medicina do Rio de Janeiro, um dos requisitos para a conclusão do curso e a obtenção do cobiçado título de doutor, percebe-se o quão abrangente foi o discurso médico da época. Tendo como objeto privilegiado a normatização do espaço urbano, essas teses abarcaram desde considerações acerca do espaço físico e da organização interna das instituições, até formas de conter os elementos sociais que geravam desordem e periculosidade. Nesse sentido, o discurso médico também pode ser considerado um discurso moral, estreitamente vinculado à ideia de construção da ordem: a ciência foi posta a serviço da civilização, legitimando as novas estratégias de controle.

Também em 1832 é promulgado o Código de Posturas Municipais, legislação baseada nas concepções de higiene pública desenvolvidas pelo corpo médico da Sociedade, cuja principal finalidade foi a de viabilizar os projetos aclamados por esse ilustre grupo. Três anos depois, o papel de consultoria desempenhado pela Sociedade é formalizado com sua transformação em Academia Imperial de Medicina, o que evidencia ainda mais sua articulação com o Estado.

Esse grupo também preconizou a defesa da condição do louco como doente mental, condição essa que já aparece esboçada, ainda que de forma tímida, no próprio Código de Posturas de 1832. Nele, previa-se que os loucos que divagavam pelas ruas e perturbavam a tranquilidade pública, fossem recolhidos em uma instituição hospitalar, ao contrário dos embriagados, por exemplo, que deveriam ser conduzidos à polícia. Ainda na década de 30 do século XIX, os médicos dão início a suas primeiras reivindicações em favor da instalação de um hospício na cidade do Rio de Janeiro. Por meio, sobretudo, da denúncia da situação a que estavam fadados os alienados internados na Santa Casa, doutores como José Francisco Xavier Sigaud, Luiz Vicente De-Simoni, Antônio da Silva Peixoto defenderam a eficácia terapêutica que um local de reclusão previamente estruturado para o tratamento desses doentes poderia ter. Afinal, a sociedade nada tinha a ganhar com o "espetáculo ridículo e hediondo de certos doidos", cuja presença nas ruas maculava a moral pública. As reclamações e a insistência dos doutos, manifestas por relatórios, artigos e teses, foram fundamentais para a promulgação do decreto n.82, a 18 de julho de 1841, que fundou o primeiro hospital brasileiro destinado exclusivamente ao tratamento de doentes mentais, denominado Hospício Pedro II.

Cabe notar que as condições que possibilitaram a instalação do Pedro II não podem ser adequadamente compreendidas sem uma alusão, ainda que sumária, ao movimento alienista francês. Desse movimento, os médicos brasileiros receberam uma influência mais direta e imediata, sobretudo durante a primeira metade do século XIX. A primeira medicina mental francesa caracterizou-se pela síntese asilar proposta por Phillipe Pinel que se sustentou, basicamente, no ordenamento do espaço hospitalar, na classificação nosográfica das doenças mentais e na importância conferida ao tratamento moral. Ao se destacar a particularidade da loucura, pela defesa de uma intervenção específica, a categoria "louco" agregou um novo *status*, o de doente, e os alienistas puderam forjar um *corpus teórico* que justificasse a investida de seu saber. "A loucura é o produto da sociedade e das influências intelectuais e morais" (Castel, 1978, p.112) "é fato estabelecido que a loucura é engendrada mais frequentemente por causas morais do que físicas" (ibidem, p.113) – são assertivas que sintetizam os pressupostos mais essenciais e predominantes da escola alienista. Na contramão das mudanças que se operavam no procedimento de investigação da medicina, cada vez mais preocupada com as razões orgânicas das doenças, a escola alienista afirmou a eficácia do tratamento moral e a importância do asilo como peça central de seu dispositivo. Por meio da medicina mental, o médico pôde imiscuir-se ainda mais na vida social, prescrevendo normas de conduta aos que possuíam um comportamento desregrado e ditando as formas plausíveis para se avaliar o que podia ou não ser considerado razoável nas atitudes dos indivíduos.

O hospício, enquanto "instrumento exemplar" de cura dos alienados, representava um importante símbolo da civilização e lugar de exercício da ação terapêutica que, além de buscar a correção dos internos, servia de exemplo para conter os libertinos da sociedade que se encontravam livres, mas podiam ser atingidos pela eficácia da presença dessa instituição, como bem pontuou Robert Castel (ibidem, p.231):

[...] os próprios fracassos podem ter uma significação pedagógica mais sutil e, talvez, mais exemplar: eles revelam o que se paga por transgredir as normas. Os asilos, essas pesadas construções plantadas nos confins das cidades, também pairam sobre uma paisagem moral. O consenso social sai reforçado por sustentar assim, nas margens da comunidade, uma representação, ao mesmo tempo discreta e espetacular, do destino daqueles que falharam.

A discussão acerca da Academia Imperial de Medicina, das Faculdades de Medicina e do Hospício Pedro II, a propósito, pretende aclarar, como mencionamos, a investida médica que objetivou legitimar seu saber e efetivar suas influências em variados setores da sociedade brasileira.[1] Os trabalhos acadêmicos de medicina, produzidos durante o século XIX, inscrevem-se também nessa mesma problemática, principalmente pela abrangência das temáticas que desenvolvem e pelas constantes referências à importância da profissionalização do exercício da medicina. Pela análise desses documentos, podem ser depreendidas as concepções mais usuais da categoria com relação à etiologia, sintomas, formas de tratamento e prevenção das doenças, aos problemas de higiene pública e de organização das cidades, ao desenvolvimento do organismo humano, às diferenças entre os sexos, entre outras. As opiniões médicas geralmente coincidiam em muitos aspectos e, sobretudo, nos princípios que orientavam a intervenção social que tencionavam levar a

---

1 Para uma análise mais acurada dessas questões, consultar: Engel (2001); Machado et al. (1978).

cabo. O eixo do argumento desses profissionais encontrava-se na defesa da necessidade de diretrizes higiênicas para a sociedade que se formava.

No que diz respeito à abordagem das problemáticas femininas, é grande o interesse desses "ensaístas". Pode-se mesmo falar num interesse singular dos médicos pela mulher, perceptível no número significativamente menor de teses dedicadas a questões relacionadas ao homem. Segundo Fabíola Rohden, essa preocupação em discorrer sobre temas referentes à mulher – fases do desenvolvimento, gravidez, parto, menstruação, aleitamento, puericultura – está relacionada à função sexual/reprodutiva a qual ela está associada (Rohden, 2001, p.99). Ou seja, a mulher ganhou destaque nesses discursos principalmente enquanto mãe ou futura mãe e, também, em decorrência da não consumação desse "destino natural". Daí as controvérsias em torno da prostituição, do aborto, da contracepção e dos incontáveis distúrbios que acometiam as mulheres que, por alguma razão, eram privadas de realizar "sua mais bela missão".

Condutas sociais que antes se inscreviam unicamente no âmbito do lícito e do ilícito passam a ser enunciadas pela medicina enquanto condutas normais ou patológicas; o dispositivo médico produz *um saber científico* que se forja enquanto discurso verdadeiro. Todo um inventário de anormalidades é estabelecido e as características de cada tipo de desvio são especificadas. É interessante perceber como, nesse processo, os médicos também elaboram um discurso direcionado para o comportamento sexual que se vincula à mesma lógica dualista, o que explica a preocupação em cercear os impulsos dos que não se encaixavam no modelo monogâmico de casamento.

[...] a medicina penetrou com grande aparato nos prazeres do casal; inventou toda uma patologia orgânica, funcional ou mental, originada nas práticas sexuais "incompletas"; classificou com desvelo todas as formas de prazeres anexos; integrou-os ao "desenvolvimento" e às "perturbações" do instinto; empreendeu a gestão de todos eles. (Foucault, 2005, p.41)

Tanto os homens quanto as mulheres, cuja sexualidade não estivesse enquadrada no modelo previsto, eram logo associados a algum caso patológico que tivesse como etiologia fundamental uma razão sexual. Porém, as mulheres foram descritas pelos textos médicos brasileiros como mais suscetíveis que os homens a perturbações dessa ordem, como demonstra o trecho a seguir, escrito pelo Dr. José Joaquim Firmino Junior (apud Rohden, 2001, p.109), em 1840:

[...] as mulheres são mais sensíveis, mais impressionáveis, menos aptas para a meditação, volúveis, inconstantes, extremosas em tudo, dadas a coisas de pouca ou nenhuma consideração, mais eloquentes, mais sujeitas a serem vencidas, graciosas em todos os seus atos; finalmente, é no sistema nervoso que reside toda a vida da mulher.

Os médicos encarregaram-se de formular um rol extenso de diferenças entre os sexos calcado na "cientificidade" e, para tanto, recorreram a explicações orgânicas, fisiológicas etc., que explicitassem e justificassem as características desiguais entre homens e mulheres. A inferioridade das mulheres é legitimada por argumentos que exprimem um desenvolvimento marcado por várias fases críticas, muitas vicissitudes e uma longa série de "revoluções tumultuosas" que as colocam em circunstâncias desfavoráveis em relação aos homens.

A debilidade moral, ou do sistema nervoso a torna suscetível a essas tão profundas e extraordinárias excitações. Enquanto o homem refreia o fogo desabrido das suas paixões com a força da sua razão, iluminada pela filosofia, trabalhos e revezes da vida; a mulher, sempre tiranizada pela sua sensibilidade, não as pode dominar, nem, ao menos, evitá-las; e aquela que conserva mais razão e força, experimenta muitas vezes por certos estados do corpo, como na proximidade dos mênstruos, ou nos primeiros tempos da prenhez, infinidades de caprichos e as mais extravagantes irregularidades nos seus sentimentos. (Torres, 1848, p.5)

Nelas, formas, tamanhos, espessuras e jeitos combinam-se numa "admirável disposição" que responde às funções para as quais são destinadas. Da maneira de andar, "a mulher com seu pequeno e delicado pé caminha mais sutil e elegantemente", à forma de pensar, "a fraqueza e a sensibilidade são as qualidades dominantes e distintivas da mulher", tudo é condicionado por essa disposição "natural" que predetermina um modo específico de ser mulher. A cabeça menor, as cadeiras largas, os nervos delgados e delicados, o timbre de voz agudo, a pele fina e macia, os órgãos do sentido excitáveis: os médicos pontuaram sobre um amplo repertório de diferenças que se estenderam por todo o corpo e não se restringiram ao órgão sexual; buscaram na anatomia as "causas inatas" que justificassem o predomínio das "faculdades afetivas" na mulher. Em sua tese *A puberdade na mulher*, redigida em 1839, diz-nos Dr. João Chagas e Andrade (apud Rohden, 2001, p.104):

> Sendo o frontal tão pequeno na mulher, se observa geralmente em grau muito fraco os órgãos da comparatividade e da causalidade, dos quais o primeiro dá a faculdade de discernir com habilidade os traços e semelhanças dos objetos para formar um juízo exato a seu respeito; o segundo a de elevar-se à origem das coisas, e de aprofundar sua natureza. Mas, em compensação à estreiteza do frontal, a parte posterior do crânio é mais larga e mais saliente, e é nesta parte que residem os órgãos correspondentes às qualidades afetivas, que, por assim dizer, constituem a existência moral da mulher. Vê-se pois que o mau êxito que elas obtêm sempre que se dedicam às altas ciências e à política, é antes um efeito de organização que um vício de educação [...]. O homem, destinado para os grandes trabalhos, para com a energia de sua inteligência fazer conquistas nas artes e nas ciências, não devia ter uma organização em tudo igual à mulher, porque os fins destinados a ele em grande parte diferem dos destinados à mulher.

No geral, esses médicos não desconhecem o argumento que atribui às condições de existência da mulher as razões de sua fraqueza física, de sua instabilidade nervosa e de sua inferioridade nas ciências abstratas. Mas, em contraposição a esse ponto de vista, defendem que as características "próprias" das mulheres decorrem da estruturação de seu organismo e de sua propensão "natural" a determinadas moléstias. As peculiaridades de cada sexo são esmiuçadas em seus mais sutis pormenores e levando-se em conta as diferentes fases de seu desenvolvimento:

> Em todas as quadras da vida, a mulher se distingue do homem pelo maior desenvolvimento de paixões exalantes: na infância, quando os dois sexos se assemelham por seus caracteres físicos, a mulher é mais risonha, estranha menos, é mais sensível aos afagos; na meninice, não tem a inquietação do homem, nem os seus jogos, nem as suas inclinações. Em vez de cobrir-se com uma barretinha de papel, de fazer de um pau, espingarda, entretém-se dia e noite com uma boneca, a quem dá o nome de filha, fala-lhe como se animada fosse etc. (Costa, 1848, p.20)

A maternidade era apresentada como a finalidade mais importante da vida de toda mulher e os médicos procuravam valorizar ao máximo essa experiência: "a mulher deve procurar ser mãe, sem o que sua missão será incompleta" (Coelho, 1878, p.24). Outras experiências que pudessem desvirtuar a moça desse "destino marcado pela natureza" deviam ser rigorosamente evitadas, já que a mulher não foi "feita para figurar no liceu ou no pórtico, nem no ginásio ou hipódromo; e seu destino sendo o de estabelecer o encanto e o doce laço da família, ainda sua vida inteira não seria muita para os numerosos cuidados que esta reclama" (Barros, 1845, p.8). O casamento colocava-se como uma necessidade imediata para a mulher que chega à fase adulta; o celibato poderia ser prejudicial a seu organismo, além de levá-la a cometer excessos e a entregar-se a costumes devassos. Por isso os doutores frequentemente mencionam os benefícios do casamento:

> Ele previne a devassidão, modera a violência dos prazeres sensuais pela facilidade de satisfazê-los, ensina a mulher a submeter-se

voluntariamente ao doce jugo das leis, cimenta o amor da progenitura, dá em resultado indivíduos bem desenvolvidos e a faz interessar-se pela felicidade comum. (Torres, 1848, p.20)

Alguns autores ainda acrescentam que o casamento tardio não seria tão perigoso para o homem, mas poderia acarretar inúmeros males à mulher, pois esta só se completa após o primeiro parto, "a copulação exalta a sua vida, há mesmo algumas cuja beleza não se desenvolve senão depois do casamento". Mas, apesar de reconhecerem as vantagens do sexo quando circunscrito ao tálamo conjugal, os médicos também prescreviam certa moderação no uso dos prazeres entre o casal. A atividade sexual intensa, apontam os doutores, poderia esgotar a faculdade procriadora, ocasionar moléstias no aparelho reprodutor, além de motivar a degradação moral. A sexualidade não deveria ser dissociada de uma intenção procriadora e nisto deveria consistir o sexo salubre:

> [...] a mulher não deve entregar-se ao homem para o prazer brutal do momento; este prazer não é o amor para aquele que ama verdadeiramente; quem ama, não busca manchar o objeto do seu culto e adorações, nem corromper-lhe o coração ainda puro de sensualidade com o sórdido bafo da imunda luxúria. (ibidem, p.17)

Acerca da boa esposa e da boa mãe, os médicos oitocentistas teceram incontáveis comentários, não se descuidando, todavia, de enumerar todos os contrapontos a esse modelo, isto é, mulheres cujas vidas demonstram os infortúnios decorrentes de não terem assumido o seu verdadeiro atributo. Mulheres de vida mundana, habituadas aos bailes, teatros, saraus e passeios, eram constantemente citadas pelas teses médicas que, em sua maioria, hostilizavam essas condutas: "A mulher fora do lar perde gradualmente os seus atributos delicados, como a rosa tirada da roseira vai pouco a pouco perdendo os lindos atrativos" (apud Rohden, 2001, p.131). Também é grande a reprovação com relação à maquiagem, ao espartilho e demais adereços utilizados pelas mulheres citadinas, com o fim de se mostrarem mais jovens e faceiras. Segundo os médicos, nenhum desses artifícios supera "as graças simples e naturais e a vermelhidão da modéstia e do pudor" que são próprios da mulher discreta e elegante. Quanto aos espetáculos e agitações públicas, os médicos sustentam que o excesso de estímulos poderia comprometer o funcionamento equilibrado das funções sensitivas da mulher, além de perturbar sua organização, sempre muito "impressionável".

A inconstância e a volubilidade são praticamente apresentadas como duas insígnias do sexo feminino e a medicina sempre procurou sugerir algumas medidas paliativas para se contornar essas imperfeições. A sólida educação moral é apontada como melhor forma de coibir esses desarranjos; a família deveria proporcionar à criança exemplos de virtude, observar atentamente seus comportamentos inadequados e procurar coibir a manifestação de instintos viciosos. Especialmente na menina, os pais precisavam estimular o sentimento de pudor, essencial para a contenção dos excessos, dos vícios e das paixões. Somente uma mulher bem educada, ou seja, guiada pelos rígidos princípios da moral, poderia ser digna de receber o "doce título de mãe" e ser considerada apta para, então, exercer uma influência positiva sobre seus descendentes. Ou seja, a mulher estava em questão não apenas por sua função reprodutiva, mas também pela valorização do papel de educadora dos filhos. Ela foi reconsiderada pela perspectiva médica como a primeira mestra do homem e, portanto, como a principal responsável por desenvolver nele a inclinação aos valores morais.

À mulher, encarada do ponto de vista fisiológico e moral, esta confiada a grande obra do desenvolvimento da raça humana; é ela que, depois de encarar em seu seio o germe do novo ser e de tomar parte ativa na formação deste, esta encarregada de nutri-lo com seu leite, e durante a infância educar o seu espírito nos primeiro conhecimentos; é a ela, finalmente, que fica confiada a grande missão de formar o novo coração, de adorná-lo com todas as virtudes. (Coelho, 1878, p.71)

No fragmento, pode-se notar que a mãe não era incumbida somente da tarefa de levar a criança a internalizar condutas ordeiras e saudáveis, mas também deveria assumir o lugar de nutriz, geralmente ocupado pelas escravas. A presença do escravo no interior dos lares é bastante repudiada pelos textos médicos do período, que atribuem ao convívio com os negros as razões de certo afrouxamento dos costumes. A escravidão doméstica também é referida como um obstáculo à construção de uma família mais reduzida – composta somente por pais e filhos – e gozando de maior privacidade.

Especificamente com relação à amamentação, os médicos argumentam que, pelo leite da negra, algumas propriedades indesejáveis poderiam ser transmitidas à criança, tais como doenças venéreas ou disposições hereditárias. Esses inconvenientes prejudicariam o completo desenvolvimento do recém-nascido, que demandava um cuidado extremoso de sua mãe para se constituir com saúde e tornar-se um indivíduo dotado de capacidades físicas e morais plenas. No geral, os defensores do aleitamento materno atacam o "desleixo imperdoável" da mãe que entrega seu filho a uma mercenária, desleixo que, certamente, poderá exercer uma influência perniciosa sobre o físico e o moral da criança. Os doutores delineiam um quadro catastrófico resultante da decisão desses "monstros da humanidade, sem coração e sem alma" que apartam de seu peito o inocente bebê. Além dos incontáveis prejuízos em curto prazo, como irritações no tubo intestinal, diarreias e cólicas, ocasionadas pela ingestão de um leite já maduro, a própria vida da criança estaria em perigo por causa da negligência de muitas amas; sem contar que o vínculo familiar podia ser abalado com o afastamento afetivo entre mãe e filho.

> Compare a saúde florescente deste que é alimentado pela própria mãe, como o estado miserável daquele, porque tiveste a imprevidência de tomar a primeira ama que se vos apresentou, sem vos importar se tinha algum vício ou moléstia; então vosso coração ficara pungido da mais cruel dor ao ver que esse inocente, que tão forte nascera, se acha fraco e coberto de enfermidades, tornando-

-se o espelho em que refletem as moléstias da ama, que com o leite facilmente lhe foram transmitidas; e assim vai, enfim, definhando de dia em dia, e uma morte prematura o virá decepar na aurora da vida. (Meirelles, 1847, p.14)

No caso de mães afetadas por moléstias crônicas ou hereditárias, ou marcadas por um temperamento nervoso, alguns médicos recomendavam a ama, desde que sua escolha fosse responsável e consciente. Uma ama saudável deveria, segundo o doutor Zeferino Meirelles, preencher os seguintes requisitos: ter de 20 a 35 anos; possuir leite rico em elementos nutritivos, puro na composição e em quantidade suficiente para satisfazer o bebê; ter boa aparência, gengivas rosadas, bons dentes, hálito agradável, pele fina e sem erupções, peito largo e mamas medianas; e, principalmente, possuir costumes puros e honestos, fisionomia risonha, olhar meigo, gênio dócil, som de voz harmonioso e ser afável, complacente e isenta de paixões – estas dariam instantaneamente ao leite qualidades perniciosas. Finalmente observadas essas disposições, a ama poderia ser considerada apta para substituir a mãe adoecida.

A não ser no caso acima mencionado, a amamentação foi apresentada como o primeiro e o mais sagrado dever de uma mãe e a mulher que não concretizasse esse "sublime sentimento materno" poderia ser considerada um membro inútil à sociedade.

Família e infância foram temas minuciosamente abordados por esses discursos que defendiam insistentemente uma intervenção positiva nos usos e costumes do brasileiro para, pelos menos, aproximá-los do modo de vida civilizado do europeu. Relações extraconjugais, abandono de crianças, incesto, entre outros, eram duramente criticados pelo discurso normativo do corpo médico, discurso que prescrevia a necessidade de ensinar aos indivíduos a controlar suas paixões. O dispositivo familiar adquiriu grande destaque na investigação médica e foi teorizado como a primeira e a mais importante instância de formação do indivíduo, onde ele assimilaria os valores mais essenciais para a boa convivência social e aprenderia as regras inerentes à vida civilizada. Esses novos objetos englobados pelo domínio do saber médico científico articulavam-se a uma estratégia que pretendia legitimar novos campos de conhecimento e por em funcionamento mecanismos inéditos de poder. Tais temáticas – mulher, família, infância –, segundo Michel Foucault, referem-se a um mesmo eixo ou a um mesmo dispositivo histórico, que o autor nomeou de dispositivo da sexualidade, dispositivo que, ao longo do século XIX, adquiriu coerência e engendrou a produção de diversos saberes. A sexualização da criança, a histerização da mulher, a especificação dos perversos e a regulação das populações são os quatros conjuntos estratégicos em torno dos quais se sistematizou os discursos acerca do sexo durante o período.

A estratégia de histerização do corpo da mulher fixou um rol extenso de obrigações conjugais e definiu as responsabilidades precisas que a mãe deveria assumir com relação a sua prole. Do sucesso de sua atuação dependiam o futuro da instituição familiar e a salvaguarda da sociedade. Mas o exercício cauteloso dessas funções, defendiam os médicos, necessitava de um gerenciamento, que obteve pronta-resposta na própria medicina, um campo de saber e de poder que acabava por criar demandas para as próprias intervenções que preconizava. A descrição do corpo da mulher, a análise de uma patologia intrínseca a seu organismo e a constatação de que este se achava saturado de sexualidade foram as maneiras encontradas pelos médicos para viabilizar, por meio de uma aliança com a mulher – um ser carente de atenção e cuidados –, sua interferência no núcleo familiar.

As teses médicas afirmam com clareza a importância de tutelar o "belo sexo", prevenindo suas fraquezas e desvios:

> Diante da vaidade, da impertinência, dos caprichos ou dos incômodos nervosos que, por vezes, podiam manifestar algumas mulheres, o homem deveria, com seu bom senso, tino, jeito, convicção, persuasão, prudências, paciência, e tolerância, tentar contornar essas ocasiões excepcionais. Mas, se não conseguisse persuadir a mulher, fazê-la atender a razão, então era "caso de médico". (*A mulher e o amor*, s. d., p.)

Aliás, a todo o tempo os médicos procuram definir seus campos de atuação e chamar atenção para a necessidade premente de a sociedade observar as prescrições da ciência, por meio de falas que deixam evidente o propósito de orientar os indivíduos em suas escolhas e ações: "É indispensável nessas questões (nulidade do casamento) a intervenção dos médicos, os únicos habilitados para tal" (Moncorvo, 1848, p.29); "uma educação apropriada pode tornar o homem capaz de seguir estes preceitos médicos: diretores de colégios, pais de família, ouvi-nos" (Costa, 1848, p.32).

Mas a abordagem médica do sexo feminino também foi meticulosa na conjugação da mulher enquanto "caso médico" e da mulher como "soberana", que, ainda segundo o Dr. Costa, tinha o amor como trono, a beleza como cedro, a virtude como diadema e a constituição da família como glória. De acordo com o Dr. José Luiz da Costa (ibidem, p.24),

[...] todos os povos, onde as leis vedam a mulher exercer a sua influência, permanecem estacionários: os Chins, são ainda o que eram há mil anos; os Mouros ainda conservam sua ferocidade, e mesmo entre os povos da Europa onde elas são mais reclusas, estão em atraso de civilização; enquanto em França e Inglaterra, onde elas formam o melhor ornamento da sociedade, a civilização marcha a par.

As mulheres, em geral, sobressaiam-se nesses discursos porque passaram a ser valorizadas, ao lado do homem, como importantes agentes de transformação social, ou seja, elas concorriam, tanto quanto eles, para o futuro da sociedade. A reciprocidade nos direitos e deveres conjugais é debatida como condição essencial para a harmonia e a felicidade do casamento. Pai e mãe deveriam ser solidários, sobretudo, na educação dos filhos:

A obediência natural nasce da vontade; a vontade nasce do coração; o coração é formado pela mulher: é um jardim cujas flores são os instintos, as inclinações, os afetos. Ninguém sabe cultivar esse jardim com tanto cuidado, delicadeza e gosto, como a jardineira natural – a mãe. [...] O primeiro dever do homem casado é devotar-se à felicidade de sua mulher. O segundo dever é educar os filhos, baseando a educação na religião; insinuando-a no coração e não somente nos ouvidos dos meninos [...]. (ibidem, p.32)

Muitos entraves, no entanto, turvaram o projeto médico que objetivou a construção de uma família "harmônica, feliz e saudável", calcada na relação conjugal monogâmica e heterossexual. Já mencionamos o caso das mulheres de vida mundana, cujo comportamento opunha-se ao ideal casto e reservado sugerido pela medicina; a ociosidade e as excitações contínuas, provocadas pelas idas frequentes a bailes e teatros são atacadas por, praticamente, todas as teses, que veem nesses "prazeres superficiais" uma das causas do desleixo materno e, por consequência, do desmantelamento familiar. Em concordância com esse argumento, assinalou o Dr. Luiz Corrêa de Azevedo Júnior (apud Rohden, 2001, p.144), em 1852:

A corrupção minou os ânimos; e a mulher levada pelo turbilhão dos festins arrebatadores da sociedade, visão íntima, que o imaginar febril lhe convertia em entidade sensível, aí tendo os olhos e a alma fitos, embriagou-se nessa louca ausência de reflexão e achou mais leve a existência cercada de ouro e brilhantes do que alimentada por aturado estudo de si mesma e de sua predestinação.

Mas os textos médicos encarregaram-se de descrever vários outros tipos femininos que se afastaram do padrão mulher/mãe, sempre procurando associar essas fugas do padrão a alguma anomalia ou patologia. É o caso da histeria, apresentada como uma das principais e mais frequentes doenças do sexo feminino. Essa doença foi objeto de muitas indagações e recebeu numerosas interpretações durante o século XIX. Os textos brasileiros apoiavam-se em diversos teóricos e pesquisadores europeus, citados e aclamados pelas "vastas e vivas luzes" que lançavam sobre o problema e que ajudavam a determinar sua origem. A análise das teses produzidas durante o século XIX acerca do tema, e de temas correlatos, permite visualizar como as concepções em torno do histerismo foram alterando-se, sempre em busca de atualizações sintonizadas com os estudos desenvolvidos na Europa. No geral, os médicos brasileiros caracterizaram a histeria como uma neurose hereditária que modifica boa parte das funções vitais do doente. Muitos reconheceram certa dificuldade em empreender uma descrição metódica do quadro patológico, por ele não apresentar uma uniformidade e variar de paciente para paciente. Mesmo assim, elencaram uma sintomatologia fundamental e as formas de tratamento indicadas para cada estágio da doença. Irritação, alternância repentina de humor, simulação, isolamento, alucinação, perversão da sensibilidade, são considerados os sintomas básicos da histeria. "É notável a modificação da entidade moral. O caráter da histérica sofre alteração; de afável que era torna-se irritável e intratável; nota-se mobilidade de imaginação, falta de atenção; e cheia de melancolia procura isolar-se de todos [...]" (Correa, 1878, p.30).

Quanto à origem da moléstia, as opiniões dos doutores variaram bastante. Há um primeiro grupo que localiza a sede da histeria no útero; um segundo, que relaciona a doença à teoria de alteração dos humores; e, por fim, um terceiro, que a vincula a disfunções cerebrais e nervosas. Os médicos pertencentes ao primeiro grupo definem a histeria como doença exclusivamente feminina, enquanto nos dois outros grupos se reconhece a possibilidade de a moléstia também afetar indivíduos do sexo masculino, porém, em menor quantidade do que as mulheres. O trecho seguinte, escrito pelo Dr. Horácio Correia (apud Correa, 1878, p.9), exemplifica um argumento utilizado pelo terceiro grupo:

[...] os hábitos e a educação colocam muitos indivíduos do sexo masculino nas condições da impressionabilidade e superexcitabilidade feminil, não vemos, com efeito, razão para que, rompendo-se no homem a harmonia entre os dois sintomas, cerebral e espinhal, não possa manifestar-se a predominância deste último, o que constitui a moléstia.

Apesar de defender que o histerismo também pode atingir os homens, afastando-se da opinião mais recorrente entre os médicos, o Dr. Horácio Correia (ibidem, p.13) reforça uma posição praticamente unânime entre os profissionais da medicinas, que se refere à importância da educação para a prevenção da histeria.

> EDUCAÇÃO – esta causa por si só vale todas as outras, e se quando é bem dirigida constitui o meio profilático mais eficaz para debelar a predisposição histérica, é ainda um meio muito aproveitável para combater a enfermidade; – quando viciosamente encaminhada, prepara o organismo por tal forma que a eclosão mórbida é inevitável.

Para o Dr. Correia, uma educação "bem dirigida" deveria constar de formação religiosa e moral sólidas, fincadas "nas verdades fundamentais da doutrina cristã", o que não deveria ser confundido com uma devoção religiosa exagerada que acaba por ocasionar o descuido das obrigações familiares. Além disso, a estimulação intelectual requeria certa prudência e nada de esforços exagerados e abalos violentos. O Dr. Attaíde Moncorvo (1848, p.6), chega mesmo a afirmar a necessidade de retirar as moças dos colégios quando elas se aproximassem da puberdade, para exercer sobre elas uma vigilância mais ativa:

> Em lugar das leituras licenciosas dos romances da escola moderna, em que as paixões são representadas no seu mais alto grau de exageração, da frequência dos bailes e teatros que estragam a sua sensibilidade, suscitando desejos incompatíveis com sua idade, e exaltando sua fraca imaginação; e da música e pintura que tão somente devem por elas ser estudadas como meio de desenfado e como diversão dos trabalhos domésticos, devem-se-lhes procurar distrações fortes, sociedades agradáveis, afastando-as da solidão como meios capazes de enfraquecer o aguilhão da voluptuosidade.

Novamente, o dispositivo da sexualidade manifesta-se na discriminação dos prazeres execrados pelo pensamento médico. A masturbação é apontada como uma prática que poderia concorrer para a desregulação das funções orgânicas e, na visão de alguns médicos, acarretar a histeria ou até mesmo a loucura. O vínculo entre histerismo e perversão sexual é estabelecido, sobretudo, pelos médicos que localizam a sede da doença no útero. No geral, esses doutores recomendavam o casamento como meio de prevenir e curar a histeria, como explica o Dr. Maurício Júnior (1838, p.21):

> Quando o fluxo menstrual é manifesto, regular, e a constituição da jovem desenvolvida, é mister ter em consideração a necessidade de sua idade, e, se imperiosamente o casamento parece ser o desejo ardente, ou antes a necessidade da enferma, este seja aconselhado, pois que será a garantia mais segura contra invasão desta nevrose (histeria). Para impedir a volta dos acessos é necessário afastar a causa, que os faz produzir [...]. Também é dever do médico prevenir as causas morais donde derivam ordinariamente os paroxismos.

Há médicos, no entanto, que preferem não estabelecer uma regra geral e indicam o casamento somente em alguns casos, enquanto outros chegam mesmo a rejeitar completamente a hipótese. Para esses últimos, a continência sexual não podia ser considerada uma causa do histerismo e a satisfação dos instintos genésicos não podia caracterizar uma forma de obter a cura. Defendem que a mulher histérica é absolutamente incompatível com a união conjugal, tanto porque legaria a seus filhos uma herança nefasta, quanto porque sua organização instável a impediria de cumprir o papel nobre e digno de mãe de família.

> Inábil para os atos mais comezinhos da vida, incapaz de menor firmeza como da menor resolução, de consciência fraca, imaginação desregrada, e juízo vacilante, dominada constantemente pelo influxo maléfico de uma natureza mórbida; a família seria ao mesmo tempo a sua mais lamentável vítima, e o seu mais atroz martírio. Ora, tais elementos de desordem são bem próprios para

aniquilar completamente a paz doméstica e a felicidade do casamento. (Correa, 1878, p.53)

Mas o histerismo não foi o único tipo de desvio abordado pelas teses médicas. Ninfomaníacas, lésbicas, prostitutas, alienadas, também receberam atenção nessas análises, afinal, eram tipos femininos que podiam acarretar sérios problemas sociais e familiares, além de comprometer a edificação de uma civilização nos trópicos.

Vê-se, pois, que a construção de um modo específico de ser mulher também pôde contar com a intensa contribuição dos doutores oitocentistas, cujas propostas podem ser interpretadas como os primeiros lances de uma prática que se intensificaria no século seguinte, com a intervenção maciça do discurso médico-científico nos mais inusitados aspectos da vida em sociedade. Ou seja, a abordagem exaustiva da mulher pelo discurso médico brasileiro do século XIX pode ser encarada como o início de um processo que, mais tarde, resultaria em suas frequentes visitas ao consultório do especialista.

Parte II

3
PARADIGMAS DO ROMANCE BRASILEIRO NO SÉCULO XIX E PROIBIÇÕES EM TORNO DE SUA LEITURA

> *De todas as formas várias as mais cultivadas atualmente no Brasil são o romance e a poesia lírica; a mais apreciada é o romance, como aliás acontece em toda parte, creio eu. [...] Não se fazem aqui livros de filosofia, de linguística, de crítica histórica, de alta política, e outros assim, que em alheios países acham fácil acolhimento e boa extração; raras são aqui essas obras e escasso o mercado delas. O romance pode-se dizer que domina quase exclusivamente. Não há nisto motivo de admiração nem de censura, tratando-se de um país que apenas entra na primeira mocidade, e esta ainda não nutrida de sólidos estudos. Isto não é de desmerecer o romance, obra d'arte como qualquer outra, e que exige da parte do escritor qualidades de boa nota.*
>
> (O Novo Mundo, Nova York, 1873 in Assis, 1955, p.136)

Antes mesmo que os literatos nacionais se lançassem à escrita do romance genuinamente brasileiro, a prosa de ficção já se valia de alguns meios de divulgação e de um conjunto, ainda que parco, de leitores. Nomes como os de Lesage, Chateaubriand, Defoe, Fielding, já constavam em anúncios da *Gazeta do Rio de Janeiro* desde inícios do século XIX, prática essa que se intensificou após a década de 20, sobretudo em função do decreto de 28 de agosto de 1821, o qual determinou o fim da censura. Até essa data, o controle sobre a circulação de impressos era exercido pela Mesa do Desembargo do Paço, a qual cabia zelar pela religião, moral e bons costumes. Obras que representassem uma ameaça à tranquilidade pública deveriam ser vetadas.

No entanto, apesar do esforço português para conter a disseminação de obras consideradas "perigosas", elas podiam ser encontradas em bibliotecas brasileiras desde meados do século XVIII, principalmente em razão da vigilância ineficaz dos funcionários das alfândegas. Dentre essas obras, achavam-se também romances, os quais certamente contribuíram para a propagação de ideias que colocavam em causa, simultaneamente, princípios de ordem religiosa e política. No levantamento de romances remetidos de Portugal para o Brasil, entre 1769 e 1815, organizado por Luiz Carlos Villalta,[1] constam obras como *As aventuras de Telêmaco*, de Fénelon, *D. Quixote de La Mancha*, de Cervantes, *Robinson Crusoe*, de Daniel Defoe, *Histoire de Gil Blás*, de Lesage, *Pamella Andrews*, de Richardson, entre outras. Muito provavelmente todas elas foram submetidas à apreciação dos censores lusitanos – para fins de impressão, comercialização ou exportação.

Além do comércio ultramarino, a instalação da Impressão Régia no Rio de Janeiro, logo depois do desembarque da corte lusitana, também prestou um importante papel na difusão do romance em terras brasileiras. Na verdade, não se trata de romances no sentido que atribuímos hoje ao termo, mas de pequenas novelas, contos morais ou versões resumidas de obras francesas e inglesas. Esses livros geralmente curtos, em alguns casos simples folhetos, con-

---

[1] Para organizar esse levantamento, o autor consultou listas de livros submetidos a exame pelos tribunais censórios portugueses. Essas listas, como pontua o autor, revelam apenas uma parte da circulação livreira, ou seja, a que se realizou de forma legal e cujos registros foram preservados. Cf. Villalta, 2005, 161-81.

tavam histórias de amor e de sofrimento quase sempre finalizadas com a punição do vilão, seguida de uma advertência, implícita ou explícita, de ordem moral. São exemplos dessas publicações: *O diabo coxo, A filósofa por amor, A choupana índia, História de dois amantes, Paulo e Virgínia, O amor ofendido*, entre outras; em muitos casos, o intento pedagógico dessas obras é explicitado logo de início, em seus prefácios – vejamos três exemplos que elucidam esse ponto. Em *Paulo e Virgínia* (1811, s.p.), o autor expressa da seguinte forma seus propósitos:

> Nesta pequena obra propus-me grandes desígnios. [...] O meu intento era combinar com a beleza da natureza entre os trópicos, a beleza moral de uma pequena sociedade. Propus-me igualmente patentear com toda a evidência algumas grandes verdades, e entre outras a seguinte: que a nossa felicidade está em viver segundo a natureza e a virtude.

A novela *O combate das paixões* (1816, p.A9) é antecedida por explicação semelhante à contida em *Paulo e Virgínia*:

> A história de Olímpia, inda que breve, contém em si muita moral; porque sem ofender a honestidade, o que é raro nas obras desse gênero, pinta com viveza os desatinos de que é capaz o coração humano, quando as paixões enfurecidas transcendem os limites da razão.

O autor de *A filósofa por amor* (1811, p.3-5) prolonga-se um pouco mais na exposição das "utilidades" da prosa ficcional, e é mais categórico na reflexão acerca dos "deveres" a serem observados pelos escritores – acompanhemos:

> Acha-se tão geralmente espalhado o gosto das novelas, que este gênero de obra chegou a ser uma espécie necessária, e os autores contraíram para com o público a obrigação de diverti-lo com esta classe de produção, e renová-la com frequência. [...] No número

dessas obras há, não obstante, algumas que contém uma moral excelente, e das quais se pode tirar toda a utilidade possível. [...] Sem embargo, há novelas imorais [...] – mas não se deve pronunciar anátema contra todas as novelas; há algumas que merecem de ser lidas, porque são úteis aos leitores. Pintar aos costumes, fazer amar os bons e aborrecer os maus é o dever de um escritor. Infeliz daquele que o não cumpre.

Virtude, moral, utilidade, dever, já eram questões caras à prosa europeia, passaram também a ter grande peso no processo de apropriação de modelos executado por nossos primeiros ficcionistas.

Entre esse momento inicial da prosa de ficção no Brasil e a publicação das bem acolhidas obras de Machado de Assis, Aluísio de Azevedo ou Júlia Lopes de Almeida, nas últimas décadas do Oitocentos, assistiu-se ao desenvolvimento de um "romance brasileiro", que passou a contar com uma produção praticamente ininterrupta de obras e com um grupo coeso e renovável de escritores, reunidos em torno de alguns propósitos partilhados por boa parte dos letrados do período.

Nos capítulos anteriores, vimos como tais propósitos foram veiculados por periódicos e por trabalhos acadêmicos produzidos pela corporação médica, documentos que, guardadas suas singularidades, ajudaram a delinear desde modelos de condutas para a mulher até modelos de instituições sociais para o país – questões que, na verdade, se entrecruzavam. Tais propósitos também motivaram inúmeras iniciativas socioculturais, algumas já mencionadas, como a ampliação do sistema educacional ou do número de livreiros. Em meados do século, o Rio já apresentava um traço mais requintado e também podia oferecer a seus moradores e visitantes, amantes das letras, variadas opções de acesso aos artigos impressos. Gabinetes de leitura, livreiros, associações, saraus literários, imprensa periódica, são inúmeros os fatores que propiciaram o alargamento da produção e consumo dos conteúdos impressos e contribuíram decisivamente para uma maior familiaridade dos cariocas com a cultura letrada. Fatores esses que também estimularam os literatos nacionais a escreverem suas primeiras linhas na ficção, já que agora podiam contar com mecanismos de divulgação para suas obras e com uma recepção, mesmo que rala, da crítica e do público. Destaque-se nesse processo de formação da prosa de ficção no país o papel desempenhado pela imprensa. Foi ela a grande aliada da prosa de ficção neste período, divulgando anúncios de lançamentos de livros, críticas e, até mesmo, textos romanescos propriamente ditos, romances de folhetim, que ganharam um espaço reservado nos rodapés dos jornais.

Inúmeras são as condições que fizeram do romance um gênero tão apreciado e que o levaram a dominar quase exclusivamente a cena cultural brasileira durante o século XIX. Tamanha repercussão não pode, porém, ser atribuída somente aos variados mecanismos de divulgação que o gênero desfrutou no período. A ideia de missão que orientou os escritores brasileiros – senso de dever a partir do qual se delinearam alguns preceitos literários para o gênero que garantiram sua ampla aceitação – tem, sem dúvida, uma palavra a dizer nesse processo de consagração. Tal como detectamos entre a classe política, entre os periodistas e entre os médicos, também entre os literatos a preocupação em contribuir para o desenvolvimento da nação, para a construção de uma civilização e, sobretudo, para a instrução dos habitantes marcou forte presença.

Tais grupos, cada um a sua maneira, partilharam princípios comuns que conduziram suas atuações, daí a existência de um projeto literário que coincide com os desejos de engrandecimento moral da população e articula-se à busca pelo progresso científico e industrial, ao desejo de instaurar no país instituições sociais mais modernas e às discussões em torno da introdução de reformas políticas mais ou menos liberalizantes. Para os letrados do período, a literatura era tida como um indicador fundamental do estágio de determinada sociedade, como salienta o precursor do romantismo brasileiro, Gonçalves de Magalhães (in Coutinho, 1974, p.12), em 1836, em seu conhecido artigo *Discurso sobre a história da literatura no Brasil*, publicado pela *Niterói, Revista Brasiliense*:

A literatura de um povo é o desenvolvimento do que ele tem de mais sublime nas ideias, de mais filosófico no pensamento, de mais heroico na moral, e de mais belo na natureza; é o quadro animado de suas virtudes e de suas paixões, o despertador de sua glória e o reflexo progressivo de sua inteligência; e quando esse povo, ou essa geração, desaparece da superfície da terra com todas com todas as suas instituições, crenças e costumes, escapa a literatura aos rigores do tempo para anunciar 'as gerações futuras qual fora o caráter e a importância do povo, do qual é ela o único representante na posteridade.

Daí o esforço de nossos primeiros românticos no sentido de inventar uma tradição literária, de indicar origens, estabelecer pressupostos e oferecer modelos que pudessem orientar a escrita autenticamente brasileira. Aliás, o critério da nacionalidade pode ser considerado o mais relevante para a literatura do século XIX – buscava-se no campo das letras a emancipação que já fora conquistada no campo político. O pontapé fundamental para essa tomada de consciência havia sido dado pelo denominado grupo fluminense e sua respectiva publicação *Niterói, Revista Brasiliense de Ciências, Letras e Artes*, de 1836. Gonçalves de Magalhães, Araújo Porto Alegre, Pereira da Silva e Torres Homem podem ser considerados os principais teorizadores das transformações em curso na literatura brasileira, seguidos por Santiago Nunes Ribeiro, Joaquim Norberto de Sousa e Silva, José de Alencar, Machado de Assis e outros nomes mais proeminentes, nomes cujos escritos críticos são imprescindíveis para a compreensão dos rumos que tomaria a produção ficcional brasileira no século em questão.

A nova concepção de arte defendida por esses intelectuais combinou-se muito bem com determinadas demandas socioculturais pós-independência. Neste momento literário fundador, quando os literatos assumiram um dever claro de afirmar a brasilidade de suas obras, o encontro entre os anseios da intelectualidade brasileira e as propostas nacionalistas do movimento literário romântico foi, em suma, bastante oportuno. Recorramos uma vez mais a Magalhães (in Coutinho, 1974, p.22) e a seu importante ensaio:

No começo do século atual, com as mudanças e reformas que tem experimentado o Brasil, novo aspecto apresenta a sua literatura. Uma só ideia absorve todos os pensamentos, uma ideia até então quase desconhecida; é a ideia de pátria; ela domina tudo, e tudo se faz por ela, ou em seu nome. Independência, liberdade, instituições sociais, reformas políticas necessárias em uma nova Nação, tais são os objetos que ocupam as inteligências, que atraem a atenção de todos, e os únicos que ao povo interessam.

A produção literária durante o século XIX pode ser entendida como um dos lados de um polígono, fator imprescindível para a construção de uma nação civilizada, tal como as contribuições oferecidas por outros ramos do conhecimento. O campo literário deveria integrar-se às conquistas científicas, técnicas, políticas, econômicas e morais para que o homem pudesse continuar "em sua marcha indefinida derrubando as barreiras que se lhe opõem em cada século" (*Minerva Brasiliense* apud Ribeiro, 2001, p.16). Nesse sentido, nossos literatos atribuíram a si próprios o papel de "apóstolos da palavra", verdadeiros "operários incumbidos de polir o talhe e as feições da individualidade que se vai esboçando no viver de um povo" (José de Alencar apud Coutinho, 1974, p.122). Em suas reflexões sobre a tarefa de escritor interpõem-se otimismo, impaciência e desilusão, perfil de quem busca acomodar o ímpeto pedagógico a uma inevitável frustração diante dos entraves a tal projeto.

Dentre os itens que estes homens priorizaram para estabelecer o valor literário de uma obra, a função civilizadora foi uma das mais requisitadas. Além de procurar "vestir-se com as cores do país" (Assis, 1955, p.129) as manifestações literárias do pensamento deveriam concorrer para a instrução e correção dos costumes, para a inibição dos vícios e o enobrecimento humano. Em ensaio de 1844, publicado no periódico *Minerva Brasiliense*, o Dr. Lapa (apud Ribeiro, 2001, p.229) sintetiza da seguinte maneira algumas vantagens e proveitos que as letras poderiam proporcionar aos homens:

As letras formam o coração e o espírito; elas ensinam como conhecer e apreciar os encantos e doçuras da virtude [...]. Em todos os países e em todas as épocas da vida as letras recreiam e descansam agradavelmente o espírito do homem; instruem e formam a mocidade; deleitam e aformoseiam a vida na velhice [...].

Nesses termos, a prosa, seja por sua melhor "flexibilidade de expressão" em relação ao verso, seja por sua maior acessibilidade ao público leigo ou pouco especializado, tornou-se um gênero bastante apreciado e cultivado no meio cultural oitocentista. Pode-se dizer que o aumento da produção ficcional foi paralelo ao próprio esforço para a legitimação do gênero entre os círculos letrados, esforço esse que contou com a imprensa periódica como um canal privilegiado para o debate crítico. Nas antologias literárias e compêndios escolares, textos que expressam um saber oficializado, a inserção do romance foi bem posterior, o que denota certa restrição a essa forma literária, restrição que se foi dissipando na segunda metade do XIX. Mas se nos colégios a entrada do romance nos currículos das disciplinas literárias foi relativamente tardia, nos jornais e revistas, veículos de comunicação caracterizados por sua efemeridade, ele constituía assunto praticamente cotidiano. Metáforas não faltaram para designá-lo, indo de "pintura dos costumes" a "alimento de fácil digestão"; "antídoto" ou "saboroso mel" à "taça de deletério veneno" – definições que por si mesmas antecipam algumas opiniões críticas com relação ao gênero. Estas, apesar de suas particularidades, versaram sobre temas constantes e, sem dúvidas, acabaram por conferir, cada qual a seu modo, determinadas atribuições aos romancistas. Ou seja, direta ou indiretamente, aos literatos do século XIX foram prescritas certas regras que deveriam contemplar na realização de suas obras, regras que, com o tempo, acabaram por ser incorporadas pelos próprios autores. Da mesma forma como procediam alguns autores europeus das primeiras novelas publicadas pela Impressão Régia, os romancistas brasileiros também se habituaram a expressar, nos prefácios de suas obras, determinadas preocupações que os motivavam a escrever, o que nos permite avaliar alguma repercussão que a crítica literária possa ter desempenhado nas escolhas efetuadas pelos escritores.

Numa das primeiras novelas produzidas no Brasil, intitulada *Statira e Zoroastes*, assim se pronuncia o autor Lucas José d'Alvarenga (1826, p.xvi):

> Não sendo a novela senão um discurso inventado para a instrução dos homens debaixo da alegoria de uma ação, pareceu-me este meio o mais conveniente para aproveitar a oportunidade de dar algumas ideias de moral [...], misturando agradavelmente o "utile dulci", que recomenda Horácio.

No romance *O filho do pescador*, que é considerado por vários autores o primeiro romance brasileiro, Teixeira e Sousa também expõem algumas de suas intenções: "Conto-vos, pois, uma história que me hão contado. Escrevo para agradar-vos; junto aos meus escritos o quanto posso de moral, para que vos sejam úteis; junto-lhes as belezas da literatura, para que vos deleitem" (Sousa, 1997, p.3). Na advertência a seu romance *Maricota e o Padre Chico*, de 1871, João Salomé Queiroga (apud Coutinho, 1974, p.260) escreve o seguinte:

> Maricota e o Padre Chico não é um escrito de imaginação simplesmente; é um fato histórico, autenticado por uma lenda em verso, que ainda hoje cantam os barqueiros do Rio de S. Francisco. [...] Desgraçadamente, porém, o fato é real, e Oxalá não se reproduzisse ainda hoje entre nós. A fantasia, portanto, poucas vezes entra nessa narração sempre singela.
> Os tipos existiram, existiram, existem e hão de existir por muito tempo, até que a civilização futura faça desaparecer uns, melhore outros, e conserve alguns. Não se leve a mal a pintura dos caracteres perigosos. Acato reverente como devo os dogmas religiosos.
> As máximas que segui são as seguintes: – Amor à virtude e aversão ao crime. – Conhecer o mal para evitá-lo ou combatê-lo. – Por em sua nudez o hipócrita e o celerado.

A intenção pedagógica dos escritores é bastante evidenciada nas passagens acima; em todas se manifesta o desejo de instruir agradavelmente o leitor e o de, sobretudo, contribuir para seu aperfeiçoamento moral. Para tanto, alguns prosadores oitocentistas valeram-se do recurso de apoiar a narrativa em documentos como manuscritos, cartas, diários, depoimentos etc., os quais confeririam, segundo os autores, maior autenticidade aos episódios descritos. Em vários textos, também se encontram afirmativas do tipo: "A história é verdadeira; e a narração vem de pessoa que recebeu diretamente, e em circunstância que ignoro, a confidência dos principais autores desse drama curioso"; (Alencar, 1967, p.11) "envio-lhe outro perfil de mulher, tirado ao vivo, como o primeiro" (Alencar, s.d., p.5), "é uma história curiosa a que lhe vou contar, minha prima, mas é uma história, e não um romance" (Alencar, 1953, p.17) "mas eu narro, não invento" (Assis, 1866), "estudo ou romance, isto é simplesmente um livro de verdades" (Assis, 1865, p.3) – frases dispersas que denotam a intenção de verossimilhança, a qual deveria abarcar desde a exposição dos ambientes até a análise dos tipos, tirados ao vivo da sociedade: "Todos os tipos que nele fiz mover-se, e não sei se viver, encontrei-os na vida social, não só fluminense, não só brasileira, mas de todos os países" (Magalhães, 1974, p.27).

Um exemplo disso que se acaba de afirmar pode ser encontrado no romance de Lúcio Mendonça – *O marido da adúltera* – todo ele composto por meio de diversas cartas escritas por diferentes narradores, endereçadas à redação do jornal *Colombo*. Na primeira delas, Laura de M., suposta escritora, relata que pretende dissipar todo mistério romanesco de sua narrativa e acrescenta as motivações que a levaram a tornar público seu depoimento:

> [...] esta narração fiel de um grande infortúnio obscuro, que matou um homem honesto em plena mocidade e amortalhou para sempre na viuvez mais desgraçada a triste mulher que sou eu, pode ser lição proveitosa a algumas outras, que meditem o meu caso infeliz e verdadeiro, e reflitam que todo o mal me veio, a mim e aos que dele mais sofreram, de uma educação corruptora e falsa. (Mendonça, 1974, p.27)

Mas a discussão acerca da veracidade dos romances não se restringiu a prefácios, advertências, notas prévias ou comentários críticos redigidos pelos literatos; mesmo no interior dos textos ficcionais essas questões foram apresentadas, como se pode constatar pelo romance *Os dois amores*, de Joaquim Manuel de Macedo (s.d., p.242), em um diálogo estabelecido entre as personagens Celina e Mariquinhas, iniciado pela primeira:

– Escrevi o que se tem passado comigo...
– A história do teu amor?...
– Sim...
– Um romance?!
– Não... uma verdade.
– Como não?... pensas que romances são mentiras?...
– Tenho certeza disso.
– Neste ponto estás muito atrasada, D. Celina; os romances têm sempre uma verdade por base. O maior trabalho dos romancistas consiste em desfigurar essa verdade de tal modo que os contemporâneos não cheguem a dar os verdadeiros nomes de batismo às personagens que aí figuram.

Muito provavelmente, ao utilizarem dessas estratégias, os literatos buscavam melhor persuadir seus leitores de que as fatalidades romanescas podiam bem equivaler a fatalidades reais e demonstrar, com maior convicção, o quanto se deveria observar pela retidão dos comportamentos.

Mediante alguma acusação de imoralidade, os escritores procuravam defender suas obras com certa veemência. No prefácio de *Flor de sangue*, romance de 1897, Valentim Magalhães defende-se antecipadamente das críticas que poderia vir a receber com relação à moralidade de sua obra – "conheço o ambiente em que vivo e prefiro ir ao encontro das principais objeções que ao meu romance prevejo serão feitas, e, sobretudo, a relativa à moralidade" (Magalhães, 1974, p.28). O autor mostra-se adepto de um estilo literário que acredita ser menos convencional, segundo o qual a vida deve ser apresentada tal como é, com as lições subjacentes a cada ato. Prefigurando o possível leitor para sua obra – pessoas já maduras capazes de uma análise cônscia – Magalhães afirma que um livro é moral quando conduz o ledor a reflexões sobre a vida moral e arremata:

> Hão de acusar-me de haver feito um livro que não pode ser lido por donzelas e meninos. Não me defendo; ao contrário, confesso que não daria este romance a ler à minha filha, como o não dou à minha irmã nem a meus filhos; mas romances sinceros e verdadeiros, isto é, honestos e morais, não se escrevem para serem lidos por donzelas e donzéis. (ibidem, p.28)

Também veemente foi a reação de José de Alencar à proibição de sua peça teatral *Asas de um anjo*. Antes de explicar quase didaticamente que mesmo o exemplo de uma personagem como Carolina, menina pobre que se corrompe pela imagem do luxo, pode carregar um ensinamento moral, o autor justifica da seguinte forma porque resolveu se contrapor publicamente à censura:

> Não é o despeito que me obriga a quebrar o silêncio, e trazer à imprensa uma discussão literária; não posso ressentir-me de um fato que concorrerá para dar voga, embora efêmera, ao meu livro; mas prezo-me de respeitar a moral pública, não só nas minhas palavras, como nas minhas ações; e custar-me-ia muito deixar pesar sobre mim uma suspeita injusta. Eis a única razão por que discuto [...]. (in Coutinho, 1974, p.95)

Essa preocupação em inscrever as obras numa perspectiva pedagógica pode ser percebida em inúmeras explicações, dispersas pelos próprios textos ficcionais, como nos casos de Teixeira e Sousa ou Queiroga, ou formuladas posteriormente mediante alguma reação negativa da crítica, como no caso de José de Alencar. Pode-se afirmar que a crítica literária oitocentista – um conjunto de noções compostas tanto das teorias literárias e estéticas quanto da aplicação das mesmas na obra – oscilou entre dois pontos de vistas bastante corriqueiros: um que conferia ao romance grande mérito por instruir agradavelmente a seus leitores e outro que o depreciava justamente por pintar de forma tão viva certos "vícios". Cabe notar que esse paradoxo foi também apresentado nos próprios textos ficcionais, já que os autores, além de observarem em suas obras os parâmetros dos bons modos, utilizaram, muitas vezes, o recurso de indicar a suas leitoras outros livros que possuíssem o mesmo perfil e reprovar a leitura de romances que contrariassem os modelos da boa moral. Exemplo de tal procedimento encontramos num trecho do romance *A normalista* e quem toma a palavra é o personagem Berreto, preceptor da Escola Normal.

E continuou a falar com a loquacidade de um sacerdote a pregar moral, explicando a vida e os costumes dos selvagens da Nova Zelândia, citando Júlio Verne, cujas obras recomendava às normalistas como um "precioso tesouro de conhecimentos úteis e agradáveis". – Lessem J. Verne nas horas de ócio; era sempre melhor do que perder tempo com leituras sem proveito, muitas vezes impróprias para uma moça de família [...].

– Eu estou certo, dizia o Berreto, convicto, de que as senhoras não leem livros obscenos, mas refiro-me a estes romances sentimentais que as moças geralmente gostam de ler, umas historiazinhas fúteis de amores galantes, que não significam absolutamente coisa alguma e só servem para transtornar o espírito às incautas... Aposto em como quase todas as senhoras conhecem a Dama das camélias, a Lucíola...

– ... Entretanto, rigorosamente, são péssimos exemplos...
Tomou um gole de água e continuando:
– Nada! As moças devem ler somente o grande Júlio Verne, o propagandista das ciências. Comprem a *Viagem ao centro da terra*, *Os filhos do capitão Grant* e tantos outros romances úteis, e encontrarão neles alta soma de ensinamentos valiosos, de conhecimentos práticos. (Caminha, 1998, p.113)

Houve histórias nas quais os escritores não se limitaram a simplesmente apontar os livros que poderiam "transtornar o espírito" das donzelas, mas foram, sim, mais minuciosos na descrição das consequências provocadas pelas leituras de tais obras. No romance *O anjo das donzelas*, publicado em folhetins semanais pelo *Jornal das Famílias*, no ano de 1864, Machado de Assis conta a história da menina Cecília, que sofrera um "estrago moral" em função da leitura constante de novelas nas quais o amor só era apresentado por seu aspecto "perigoso" e por seus maus resultados. "A pobre mocinha tomou ao pé da letra o que lera" – a impressão que causara em seu espírito as tragédias de amor narradas pela ficção levaram-na a determinar que jamais exporia seu coração a semelhantes catástrofes. Acompanhemos a narrativa de Machado de Assis (1864, p.1), justamente no ponto em que o autor desdobra o quão decisivas determinadas leituras poderiam ser em certas épocas da vida:

> Cecília lê um romance. É o centésimo que lê depois que saiu do colégio, e não saiu há muito tempo. Tem quinze anos. Quinze anos! É a idade das primeiras palpitações, a idade dos sonhos, a idade das ilusões amorosas, [...]. Que lê ela? Daqui depende o presente e o futuro. Pode ser uma página de lição, pode ser uma gota de veneno. Quem sabe? Não há ali a porta um índex onde se indiquem os livros defesos e os lícitos. Tudo entra, bom ou mal, edificante ou corruptor, Paulo e Virgínia ou Fanny.

No romance *A viúva Simões*, de Júlia Lopes de Almeida (1895, p.18), o personagem Rosas, ao remoer sobre a fuga de sua ex-mulher, estabelece algumas relações entre tal episódio e certos hábitos cultivados pela menina durante a juventude:

> A pobrezinha tinha sido uma cabeça tonta e bonita. Passara a mocidade a ler novelas dos jornais e a fazer crochê à janela da casa do pai, em São Cristóvão. Montepin lançou-lhe no espírito a semente da inveja das fidalgas loiras, de mãos de cetim e olhos de

veludo turquesa. O crochê dava-lhe tempo para remoer mentalmente cenas de amor adúltero deslizadas nos parques alumbrados de castelos provincianos.

Se não era possível controlar a imaginação das moças, que se controlassem, ao menos, suas leituras – era essa, grosso modo, a perspectiva defendida pelos escritores. Na verdade, essas opiniões extrapolaram os círculos literários e se dissiparam por diversos grupos sociais. Mesmo entre os textos médicos ou entre uma coluna e outra dos periódicos femininos se podem colher juízos sobre o romance, juízos que, no entanto, quase sempre reforçam o argumento depreciativo.

A título de exemplo, retomemos dois documentos já abordados nos capítulos anteriores para entender melhor essa questão. Acerca de alguns cuidados a serem observados pela mulher grávida, Dr. Monteiro Barros (1845, p.27) acrescenta a seguinte recomendação:

A leitura de obras licenciosas e de romances é um péssimo recurso, que de ordinário procuram as mulheres para desenfado de suas fadigas; além de estragarem o moral e de corrompê-lo, o romance tem o inconveniente de exagerar certos sentimentos, pela pintura viva de grandes rasgos de heroísmo e de paixões. Se as pessoas sensatas, acostumadas a ver as coisas debaixo de um ponto de vista justo, razoável e exato, sentem muitas vezes fortes emoções com semelhantes leituras, o que não deverá suceder a uma mulher fraca e sensível, que por um instinto natural já é propensa a tudo exagerar? Existindo tão íntima relação entre mãe e feto, é claro, que tudo quanto tender a perturbar as suas funções orgânicas, deve do mesmo modo impressionar a este último; e pois temos, que a leitura de semelhantes obras deve ser proscritas pelas mulheres pejadas que quiserem ver seus filhos sãos e fortes.

Já Sallustio, o informado cronista de Novo Correio das Modas, ao noticiar a tradução para o português de uma biografia de Cristóvão Colombo, apresenta o seguinte parecer:

> É uma ideia útil a que presidiu a reprodução desta biografia daquele fecundíssimo escritor francês, que deleitando instrui e civiliza o público, cansado já de tanto romance quando não pernicioso para os costumes e para a moral, inútil ao menos para o aperfeiçoamento da sociedade e do coração humano. (*Jornal Novo Correio...*,1854)

Opiniões que corroboram o inflamado apelo de Padre Lopes Gama (apud Augusti, 2006, p.93), nas páginas do periódico pernambucano *O Carapuceiro*, contra esses livros que considera uma verdadeira "peste da literatura":

> Em que se há de entreter esta santinha a noite inteira? Oh, essa é boa! E para que se compuseram as *Mil e uma noites*, os *Mil e um quartos de hora*, as *Adelaides*, o *Menino da selva*, as *Joaninhas*, e tantas novelas, cuja nomenclatura talvez exceda às bibliotecas do Vaticano e do Escorial? Em ler esses bons mestres de moral, na aquisição dessas ideias eróticas entretém-se a menina (muito proveitosamente) até meia-noite, hora da ceia, e daí para a cama. Em que se ocupa esta senhora toda a sua vida? Em nada. Pois não sabe coser, nem bordar, nem remendar? Nada disto: nunca tais grosserias lhe ensinaram.

Exemplos não faltam para indicar que a maioria dos letrados tinha alguma observação pronta acerca da leitura de tais livros; letrados, quase todos, engajados em atividades relacionadas à "difusão das luzes" e preocupados com as consequências funestas que a disseminação indistinta de romances poderia acarretar nas "suscetíveis" leitoras. Acompanhemos mais uma ou duas opiniões sobre o tema saídas da pena de intelectuais coetâneos. Na seção mosaico, de dezembro de 1864, do conhecido *Jornal das Famílias*, a colunista Maria Amália (apud Bastos, 2002, p.189) afirma:

> Não é debalde que muitas vezes eu tenho erguido nestas páginas um protesto solene contra esse gênero de instrução que tanto se vul-

gariza entre nossas famílias. O romance moderno, o romance dessa escola que se apraz em endossar os vícios e em sustentar como mais peregrinas as teses mais absurdas, são flagelos que se lançam no seio da sociedade. E de fato, qual o bom senso que não repugna esse realismo de Madame Bovary, essa febre de Fernanda, de Dumas; das cortesãs, de Balzac; de Jacques e Valentina, de Mme. Jorge Sand? Eu quisera que por uma vez se abolissem esses livros perigosos das mãos inexperientes, esses filhos daninhos que tanto corrompem a alma, como corrompem também o coração. Eu poderia demonstrar com fatos quanto mal essa literatura febril das paixões tem causado com seus desregramentos.

Em *Cartas sobre a educação de Cora*, escritas por José Lino Coutinho (apud Reis, 2000, p.169) e entregues a preceptora de sua filha, documento que expressa a insatisfação de José Lino com a educação "má e rotineira" que tem recebido as meninas brasileiras, lê-se:

[...] composições, pintando o amor com vivas e brilhantes cores, como origem inefável de gozos e prazeres, arroja o belo sexo em um pélago de infortúnios e desgraças: são essas terríveis obras que pintando o homem e o amante como um anjo, e colocando a felicidade nos seus braços, perde a maior parte das mulheres quando, por assim dizer, seduzidas se entregam todas ao amor, porque depois só encontram seres defeituosos e fracos que as abandonam, ou, pelo menos, não correspondem ao justo a ideia que deles haviam feito.

O autor refere-se, nessa passagem, a romances que classifica como "amatórios", dentre os quais inclui *Madame Bovary* e outros de "semelhante natureza" – livros esses que, a seu ver, deveriam ser preteridos em relação a boas obras educação moral. Nas cartas, José Lino também expressa e defende que só a partir de uma formação bem conduzida desde criança se pode colher os frutos desejados: "cultiva, rega a jovem planta antes que morra: seus frutos dar-lhe--ão um dia alegria" (ibidem, p.152).

Certamente, toda essa discussão dialoga com a ampla difusão da prosa de ficção entre os brasileiros no Oitocentos, difusão que contou com a contribuição do projeto literário romântico, mas que também foi estimulada por inúmeras traduções do romance folhetim francês, de muito boa receptividade entre o público brasileiro. Vimos, no primeiro capítulo, um pouco da influência francesa nos hábitos e costumes dos habitantes da corte imperial, influência desdobrada até mesmo nos hábitos de leitura e possível de ser avaliada pelas incontáveis traduções do *"feuilleton-roman"*, por sua frequência praticamente cotidiana nos rodapés dos jornais, pela procura ávida desses textos quando editados e, na maioria das vezes, reeditados em livros. É o caso, por exemplo, dos romances de Eugène Sue, Alexandre Dumas e Ponson du Terrail, todos os três saídos nos rodapés do *Jornal do Comércio*, periódico com tiragem estimadas em 15 mil exemplares diários durante o período (in Bastos, 2002, p.209).

A discussão acerca da perniciosidade dos romances não passou ao largo dos problemas suscitados pelo acesso irrestrito das mulheres a certas obras, dentre as quais o tão afamado folhetim francês. Esse, com suas histórias de amores, desencontros, sofrimentos e aventuras, cativou o público feminino de tal forma que passou a ser associado quase que exclusivamente a essa parcela da comunidade de leitores. Tal associação é sugerida pelos próprios textos ficcionais, ao se dirigirem, num tom de conversa informal, a uma suposta leitora. Chegou-se mesmo a cogitar que um jornal não poderia atender às exigências do público se não possuísse em seu rodapé o folhetim e sua "literatura amena e choradeira", para ser apreciada por esposa, filhas, amigas, vizinhas e demais parentes do assinante – assim, reforçava-se a ideia de que as mulheres eram pouco dadas a assuntos políticos, comerciais ou científicos. No entanto, apesar do sucesso quase indiscutível do gênero, ele suscitava, igualmente, desconfiança, sobretudo por parte dos que gostavam de zelar pelos "bons costumes" e insistiam nas consequências nefastas de certa licenciosidade das fatias folhetinescas.

Os literatos também não se mostraram simpáticos ao verdadeiro fascínio do público brasileiro pelas novelas francesas. Tal preferência levou nossos romancistas a titubearem entre o gosto do público, que já havia assimilado o enredo mirabolante dessas novelas – com suas histórias de adultério e suas mulheres desonradas – e as exigências da crítica, na maioria das vezes defensora de um de um papel moralizante para o romance. Machado de Assis, em 1873, no citado *Instinto da Nacionalidade*, comenta que esses livros de "certa escola francesa", apesar de bastante lidos entre nós, foram bem--vindos somente como hóspedes e "não se aliaram à família". No entanto, é certo que não faltaram escritores brasileiros preocupados em "satisfazer a avidez dos leitores de rodapé": "O gênero humano é sempre o mesmo", comenta-se no edital de 4 de novembro de 1867, do periódico *O Arlequim*, "atentai para cem pessoas que passam e vereis que duas param em contemplação diante de uma obra de arte e que 98 vão mais adiante extasiar-se com uma tabuleta pintada de vermelho" (apud Meyer, 2005, p.291). Entre o "útil e o fútil", esse "dândi da literatura" já prefigurava mesmo sua própria leitora, para o infortúnio dos pais e maridos que só viam nele "o perigo!":

> Os momentos rápidos que V. Ex³ puder furtar ao esplêndido burburinho dos salões, onde é rainha; os poucos instantes que lhe deixarem vagos os passeios, as reuniões elegantes, os caprichos irresistíveis da moda soberana, as raras horas, enfim, que lhe dispensar o mundo delicioso e tentador, de que é V. Ex³ o mais imponente ornamento, consagrá-los-á, não é verdade, à leitura fugitiva destes folhetins inúteis e leves como a folha que o vento leva? (Guimarães Júnior, 1987, p.22)

O folhetim, portanto, conforme a apreciação de Luis Guimarães Júnior, deveria caracterizar-se pela leveza de conteúdo, primeiramente por ser um gênero dirigido, no mais das vezes, ao público feminino e, em segundo lugar, porque sua leitura serviria para preencher as horas de distração. Também era bom que não veiculasse leituras ofensivas, já que era a "delicada susceptibilidade" da mulher que estava em jogo – o ideal seria apresentar somente uma "literatura amena" e "choradeira", para causar prazer e desatar a "sensaborona tristeza".

Ligeiros ou não, os "romances de fancaria" eram rapidamente devorados, mal saídos nas fatias matinais dos periódicos, o que rapidamente levou os escritores brasileiros a se adequarem ao novo suporte. Pelos folhetins, muitos autores nacionais tornaram-se mais conhecidos e muitas obras conseguiram maior alcance – é o caso de Joaquim Manoel de Macedo e José de Alencar, romancistas de renome durante o período, os quais tiveram várias de suas obras publicadas nos rodapés das folhas cotidianas. Macedo teve o seu *Dois amores* editado pelo *Correio Mercantil*, *Rosa*, pela revista *Guanabara*, *Vicentina*, pela *Marmota Fluminense* e *A namoradeira* e *Nina*, pelo *Jornal das Famílias*. Alencar publicou *Cinco minutos* nos rodapés do *Correio Mercantil*, *A viuvinha*, no *Diário do Rio de Janeiro*, *Sonhos d'ouro*, pela *República do Rio de Janeiro*, entre outros. Posteriormente, algumas dessas obras foram editadas e reeditadas em livros – *Cinco minutos* e *A viuvinha*, publicados num mesmo volume, em 1858, foram reeditados em 1865, por exemplo. Ou seja, tal como os folhetinistas franceses, os brasileiros também passaram a desfrutar de boa receptividade dos leitores, o que pode ser presumido tanto da produção constante dos escritores quanto das sucessivas reimpressões de algumas obras. Além disso, muitos de nossos romancistas também foram colaboradores de vários periódicos, para os quais escreviam crônicas, contos ou novelas curtas, seções praticamente obrigatórias, sobretudo, naqueles jornais e revistas dedicados à mulher e à família.

Dentre os literatos de profissão, os comentários a respeito da imoralidade ou não dos romances foram bem mais cautelosos e não direcionados ao gênero como um todo, mas a algumas de suas manifestações. A forma literária em si conquistou, pouco a pouco, o respaldo dos críticos, os quais, no entanto, procuravam pontuar sobre a dignidade literária de cada obra. É o que se pode perceber na apreciação de Joaquim Norberto Sousa e Silva (apud Augusti, 2006, p.105), publicada na revista *Guanabara* em março de 1855, acerca de um dos romances de Joaquim Manoel de Macedo:

Em resumo: a *Vicentina* do nosso amigo e colega é uma composição que lhe faz muita honra: um romance cuja leitura recomendamos às nossas jovens compatriotas com um poderoso antídoto contra o veneno corrosivo da sociedade em que vivemos. É além disto um serviço feito a literatura brasileira; naturalizando entre nós o verdadeiro romance; o romance moral e instrutivo; familiarizando-nos com as nossas cenas campestres; ensinando-nos finalmente a apreciar o que temos.

Acerca de outro livro de Macedo, *O culto do dever*, há uma crítica arguta de Machado de Assis – pincelada de uma "nobre franqueza", "sem rodeios nem disfarce" – que, apesar de reconhecer no livro os intuitos morais do autor, "O dever é a primeira e a última palavra do romance", dirigi duras críticas à impassibilidade dos personagens, à falta de gravidade dos episódios, à incapacidade da narrativa de despertar nos leitores qualquer emoção. Ouçamo-lo:

Debalde se procura o homem no *Culto do dever*; a pessoa que narra os acontecimentos daquele romance, e que se diz testemunha dos fatos, será escrupulosa na exposição de todas as circunstâncias, mas está longe de ter uma alma, e o leitor chega à última página com o espírito frio e o coração indiferente. E contudo, não faltam ao poeta elementos para interessar; o nobre sacrifício de uma moça que antepõe o interesse de todos ao seu próprio interesse, o coração da pátria ao seu próprio coração, era um assunto fecundo; o poeta podia tirar daí páginas deliciosas, situações interessantes. (Assis, 1955, p.64)

Na conclusão deste ensaio, Machado, num esforço no sentido de angariar adeptos que pudessem contribuir para o progresso da literatura nacional, expõe seu interesse em ver cultivado entre os brasileiros o romance literário, no qual o estudo das paixões humanas se combinasse ao toque delicado e original da poesia. Certamente, a atividade crítica em geral não foi tão construtiva quanto a de Machado de Assis. A quase inexistência de uma crítica coerente, imbuída do claro propósito de estimular os novos talentos e fornecer-lhes alguns subsídios literários, foi, a propósito, uma queixa constante entre os escritores.

Empecilhos à parte, o romance impôs-se à cena cultural brasileira no decorrer do século XIX, e isso não obstante os variados ataques dos incrédulos de suas intenções morais. Por meio desse "grande instrumento de reconstrução social", os literatos puderam exercer o poder de falar "à numerosa classe dos que sabem ler", "infiltrando nela os princípios de moral" e exercendo uma "influência civilizadora" (Magalhães, 1974, p.29). Também puderam estabelecer com o público feminino relações bastante íntimas, guiando sua leitura com um senso didático muitas vezes excessivo. "Descanse os seus lindos olhos", que "por agora vou dar o meu ponto final" (Assis, 1955, p.33), escreveu um deles.

4
ENTRE A FICÇÃO E A CONSTRUÇÃO DE UM PADRÃO FEMININO

– *E nós somos então...*
– *Ora... nós?... nós somos o que eles querem que nós sejamos...* (Macedo, s.d., p.228)

Preocupação em ser útil e agradável, desejo de contribuir para a instrução, vontade de transmitir valores morais, essas foram algumas questões caras ao romance oitocentista brasileiro. Mas nossos literatos ocuparam-se também de outras questões: o tipo social feminino, por exemplo, foi bastante explorado por boa parte da produção literária brasileira do século XIX, quase sempre lançando mão de parâmetros homogêneos de feminilidade. Nossos escritores foram bastante minuciosos na composição de suas personagens, descrevendo desde a "natureza" da mulher, até pormenores sutis de seu comportamento, passando por sua aparência, suas principais ocupações, suas doenças etc. Retrataram, também, aspectos diversos da história de vida de suas protagonistas, todas em idade de casar-se e à espera de um grande amor, todas especialmente bonitas, dotadas de diversas prendas e com espírito cultivado – o que servia para distingui-las quando não possuíssem um bom dote, ainda que, costumeiramente, as empobrecidas do universo ficcional brasileiro sejam não raras vezes surpreendidas com uma herança volumosa de um parente até então ignorado.

Quanto à personalidade das moças da ficção, a variação é tão tênue que mal se pode diferenciar o perfil de uma personagem do perfil de outra, embora umas poucas apresentem lá a sua singularidade – Carolina (Macedo, 1971), por exemplo, pode ser lembrada por suas travessuras, Aurélia (Alencar, 1967), por sua inteligência viva e brilhante; Emília (Alencar, s.d.), por sua inflexibilidade. Todas, invariavelmente, têm altivez de caráter e comportamento recatado, muitas vezes em contraposição a personagens secundárias, marcadas por certa frivolidade de costumes. Ainda quando desonradas, as personagens centrais são, de certa forma, desculpabilizadas pelas circunstâncias e preservam sua inocência de espírito, como no caso de Lúcia (Alencar, 1992), Mariana (Macedo, s.d.) e Maria do Carmo (Caminha, 1998) – a primeira, prostitui-se para salvar a família atingida pela epidemia de febre amarela de 1850; as duas últimas, seduzidas por pervertidos em razão de sua inexperiência. Todas as três conservaram certa magnanimidade de espírito e passaram a vida corroídas pelo remorso de terem mal procedido.

Além de conferir certa nobreza de caráter a suas protagonistas, os romancistas brasileiros, como mencionamos, também se preocuparam em esmiuçar as disposições psicológicas de suas personagens. Valendo-se da ideia de "natureza feminina", isto é, valendo-se daquilo que, na compreensão dos escritores, seriam suas características intrínsecas e invariantes, os romancistas locais não cansaram de destacar, por exemplo, o quão frágil física e psicologicamente era a mulher. "Sua compleição é fraca e delicada" (Macedo, 1981, p.37) disse sobre Honorina o narrador do romance *O moço loiro*; Emília, no romance *Diva*, é descrita como dona de uma "natureza frágil, tímida e melindrosa" (Alencar, s.d., p.55) em *A viuvinha*, o narrador anota que as mulheres choram a todo momento, sendo as lágrimas um sinal de sua fraqueza. No diálogo entre Celina e Mariquinha, em *Os dois amores*, uma diz à outra: "Dizem que somos fracas e frágeis [...] mesmo com esta nossa fraqueza, nós poderíamos, apesar de tudo, valer muito [...]" (Macedo, s.d., p.228).

O personagem Barbosa, do romance *A carne*, quando se dá conta de que estava preso "nos laços de uma paixão", exaspera-se:

"conhecia a fundo a natureza, a organização caprichosa, neurótica, inconstante, ilógica, falha absurda, da fêmea da espécie; conhecia a mulher, [...] conhecia lhe o cérebro fraco" (Ribeiro, 1938, p.256). Já a empenhada sogra Olímpia, constata o seguinte em seu "manuscrito" que reflete sobre a felicidade conjugal.

A mulher, creiam todos, sente prazer em reconhecer-se passiva, em ver em si um ente fraco e por isso mesmo digno de respeito goza com sentir indispensável o apoio moral e físico do homem a quem se entregou toda inteira, toda confiante, de olhos fechados. [...] As romanas antigas, talvez se divertissem menos, porém deviam ser muito mais felizes no interior do lar do que nossas esposas modernas. (Azevedo, 1973, p.50)

Exemplos não faltam para expressar a reincidência de um mesmo ponto de vista, a saber: a mulher tem uma "natureza" mais suscetível, mais fraca e mais dada a assuntos do coração do que o homem.

Mas a diferenciação entre os gêneros não parou aí e os escritores enunciaram-nas das maneiras as mais diversas. Na divisão de papéis sociais de acordo com o sexo, por exemplo, a mulher devia resguardar-se ao ambiente doméstico e frequentar lugares públicos somente em situação de lazer, mas nunca desacompanhadas, é claro, pois isso logo levantaria suspeita sobre sua reputação. Dentro de casa, cenário mais frequente dos episódios romanescos, o "belo sexo" poderia ocupar-se de diversas distrações: a costura, o bordado e as cantigas ao piano. Para algumas, a "vida traduzia-se em ler romance", outras gostavam de aparecer mimosas e elegantes na janela ou dedicar-se aos cuidados com as flores. Há, também, as que recebiam aulas de francês, desenho ou aritmética ou as que, para ajudar no sustento, tinham de trabalhar fazendo doces, costurando ou dando aulas particulares. Em suma, ocupavam-se de vários afazeres, conquanto não fossem "pesados demais para cabeça feminina" (Assis, 2004, p.54).

Em sociedade, as opções oferecidas pela corte ficcional ampliavam o repertório de lazer das moças casadoiras. Elas podiam entreter-se com as inúmeras peças teatrais encenadas nos teatros fluminenses, comprar teteias francesas nas famosas lojas da Rua do Ouvidor, apreciar o frescor das sombras no Passeio Público ou mesmo participar de saraus ou bailes oferecidos por algum conhecido. Para termos uma ideia do "lufa-lufa" da Corte Imperial das páginas dos romances, observemos a rotina da senhora Aurélia Camargo:

> Os teatros e os bailes não lhe bastavam; as noites em que não tinha convite, ou não havia espetáculo, improvisava uma partida que em animação e alegria, não invejava as mais lindas funções da corte. Tinha a arte de reunir em sua casa as formosuras fluminenses. Gostava de rodear-se dessa corte de belezas. Os dias, destinava-os para as visitas da Rua do Ouvidor, e os piqueniques no Jardim da Tijuca [...]. (Alencar, 1967, p.187)

Em todas essas ocasiões, as moças encontravam a oportunidade de "agradar", como consta o narrador de *O moço loiro*: "enquanto o político se bate no parlamento, e nas antessalas de palácio, o diplomata nos brilhantes salões; o literato no prelo; os artistas nas exposições" (Macedo, 1981, p.70), as mulheres "pelejam" no teatro, no passeio ou na noite de sarau numa disputa que opõe "seda a seda", "joia a joia", pela satisfação de ser a mais graciosa da noite.

Mas a beleza que de fato era destacada pelos romancistas não era esta relacionada a enfeites e a olhares e sorrisos meticulosamente estudados – o que valorizavam, de fato, era a discrição e o natural recato de damas pouco dadas aos artificialismos das "reuniões buliçosas". Justamente para esses atributos é que atenta José de Alencar, ao descrever sua viuvinha: "Essa extrema simplicidade era o maior realce da sua beleza deslumbrante. Uma joia, uma flor, um laço de fita, em vez de enfeitá-la, ocultariam uma das mil graças e mil perfeições que a natureza se esmerara em criar nela" (Alencar, 1953, p.124).

A vida em sociedade é, no geral, descrita por seu aspecto inebriante – ela faz o delírio das moças, mas, ao mesmo tempo, é "o altar em que a elas se adora e o labirinto em que elas se perdem" (Macedo, s.d., p.11). Essa e outras advertências tentavam chamar atenção para os excessos de vida mundana, aos quais os escritores atribuíam certo afrouxamento nos costumes. As meninas acostumadas desde muito novas ao galanteio de sala tornavam-se, de acordo com os romancistas, mais frívolas e volúveis, "perdiam cedo o casto perfume". Foi o que aconteceu, em *Os dois amores*, com a bela Mariana, enchendo de preocupações o pai extremoso. Acompanhemos o trecho da narrativa no qual Macedo (ibidem, p.168) explora essa questão:

> A beleza de Mariana encheu de orgulho o coração de seu pai nos primeiros anos, pouco depois porém essa mesma beleza começou-lhe a ser origem de sérios cuidados; quando ele chegou a notar que sua filha, vaidosa de seus encantos, embriagada com o incenso de mil lisonjas, procurava ganhar escravos em todas sociedades onde aparecia, não desanimava nem preferia nenhum perdidamente o galanteio... o galanteio, que é quase sempre um obstáculo para a felicidade das moças, e uma recordação desagradável, que às vezes, já em muito nobre posição, as faz corar diante de um homem que vem visitar seu marido. Então Anacleto desamava a beleza de Mariana, quisera antes vê-la cem anos menos bela, contanto que fosse cem vezes mais discreta.

Em outro romance de Macedo, encontramos a loureira Juliana, também "embriagada pelo incenso sedutor" desses encontros sociais: de volta ao "seio ardente do mundo elegante", depois de um ano de luto pela morte do pai,

> As sociedades abriram em par suas portas à nova e esplêndida beleza que vinha encantá-las; os turíbulos da adulação queimaram incenso embriagador aos pés da donzela; a sensualidade civilizada derramou no coração da menina o seu ativíssimo veneno misturado

com o mel suave e deleitoso das mais odorosas flores. (Macedo, 1945, p.496)

Nesse sentido, a oposição entre mulheres educadas nos salões, aos "raios da galanteria", e mulheres preservadas da lisonja "dessas reuniões perigosas, onde reina uma febre de vaidade tão fatal", é usualmente estabelecida nos romances. Em *Diva*, a acanhada Emília é comparada a sua prima Julinha, habituada desde muito nova a frequentar os bailes que a mãe promovia e nos quais se deixava enamorar por quantos pretendentes a requestassem. Em *O moço loiro*, a educação que recebera a romântica Honorina, "criada longe do bulício da sociedade" e crescida "na solidão, como uma flor, pura, inocente, cheia de deleitosas fragrâncias" (Macedo, 1981, p.35) é contrastada à educação de sua amiga Raquel, que aprendera a reconhecer os perigos da sociedade desde tenros anos e tornara-se, por isso, bastante racional e insensível. Em *A normalista*, o padrinho de Maria do Carmo vê com desconfiança a amizade entre sua afilhada e a vizinha Lídia, conhecida por sua fama de grande namoradeira – "não havia na cidade rapazola mais ou menos elegante, caixeiro de loja e modas que não se gabasse de a ter beijado" (Caminha, 1998, p.52). Havia mesmo quem afirmasse que já não era moça, acusação que, para o período, era a pior difamação para uma mulher.

Mas os contrapontos não se restringiram apenas aos perfis dos personagens, nossos romancistas também exploraram outros pares dicotômicos e puseram em cena as mudanças por que passavam a capital do Império, comparando o campo e a cidade, o passado e o presente etc. Pretendiam com isso chamar atenção do leitor para a influência do desenvolvimento urbano e do progresso técnico sob os hábitos dos indivíduos, influência nem sempre vista com bons olhos.

No diálogo dos estudantes Leopoldo e Augusto, por exemplo, no romance *A moreninha*, o primeiro estende-se em sua explicação sobre as diferenças entre "roceiras" e "cidadoas" – vale a pena reproduzi-lo, apesar do tamanho, pela quantidade de contrastes que são estabelecidos, os quais sugerem que a moça criada longe dos prazeres da corte não possui a volubilidade atribuída à mulher dos centros mais urbanizados.

> A moça da corte escreve e vive comovida sempre por sensações novas e brilhantes, por objetos que se multiplicam e se renovam a todo momento, por prazeres e distrações que se precipitam; ainda contra a vontade, tudo a obriga a ser volúvel: se chega a janela um instante só, que variedade de sensações! [...] tem o baile e sua atmosfera de lisonjas e mentiras, onde ela se acostuma a fingir o que não sente, a ouvir frases de amor a todas as horas, a mudar de galanteador em cada contradança; depois, tem o teatro, onde com óculos fitos em seu rosto parecem estar dizendo – és bela! – E assim enchendo-a de orgulho e muitas vezes de vaidade; finalmente, ela se faz por força e por costume tão inconstante como a sociedade em que vive, tão mutável como a moda dos vestidos. Quereis agora ver o que se passa com uma moça da roça? Ali está ela na solidão de seus campos, talvez menos alegre, porém, certamente, mais livre; sua alma é todos os dias tocada dos mesmos objetos [...] Assim, ela se acostuma a ver e amar um único objeto; seu espírito, quando concebe uma ideia, não a deixa mais, abraça-a, anima-a, vive eterno com ela; sua alma quando chega a amar, é para nunca mais esquecer, é para viver e morrer por aquele que ama. (Macedo, 1971, p.100)

Especificamente sobre a vida na capital do Império, também afirmou o personagem Emiliano, no romance *O filho do pescador*.

> [...] ela (sua mãe) estava, pois, no Rio de Janeiro, principal cidade do Brasil, onde uma extrema beleza, mais em que nenhuma outra parte, está exposta; onde a sedução tem uma linguagem mais eloquente; onde a lisonja emprega um estilo mais florido, e onde o vício tem atrativos mais poderosos! (Sousa, 1997, p.140)

Enquanto o ambiente urbano é marcado pelo ritmo acelerado de mudanças, as quais acabavam por imprimir nos indivíduos uma sensação de instabilidade decorrente das constantes alterações vivenciadas pelo cenário citadino, o presente é assinalado como tempo de dissolução de valores e desarranjo moral. Alguns personagens de mais idade dão mostra de grande saudosismo, em falas que também abordam as ditas conquistas da civilização apenas por seu aspecto negativo. É o caso de Dona Amância Souselas, no romance *O mulato* – vejamos a descrição do narrador sobre a repulsa da velha com relação ao progresso:

> – No seu tempo, dizia ela com azedume, as meninas tinham a sua tarefa de costura para tantas horas, a haviam de pôr pr'ali o trabalho! se o acabavam mais cedo, iam descansar?... Boas! Desmanchavam, minha senhora! desmanchavam para fazer de novo! E hoje?... perguntava, dando um pulinho, com as mãos nas ilhargas – hoje é o maquiavelismo da máquina de costura! Dá-se uma tarefa grande e é só "zuc-zuc-zuc!" e está pronto o serviço! E daí, vai a sirigaita pôr-se de leitura nos jornais, tomar conta do romance ou então vai para a indecência do piano!
>
> E jurava que filha sua não havia de aprender semelhante instrumento, porque as desavergonhadas só queriam aquilo para melhor conversar com os namorados, sem que os outros dessem pela patifaria! (Azevedo, 1975, p.83)

Num outro diálogo, agora entre Ema e sua neta Honorina, a avó demonstra seu aborrecimento com os novos costumes desse "século pervertido" – tudo mudara, discorre ela, enquanto "os meninos deixaram de aprender a rezar para ler periódicos, e discutir presumidos direitos do homem",

> [...] as moças desprezaram os véus da modéstia, e a vida sossegada da solidão, para ir, com o rosto bem a mostra, e carregadas de adornos e de modas indecentes, dançar em saraus, onde a licença e o desregramento tomaram o nome de civilização e de progresso. (Macedo, 1981, p.51)

Mas houve também quem percebesse nova fisionomia da capital imperial com um entusiasmo que destoava do tom apresentado pelos personagens acima – vejamos, por exemplo, um trecho do romance *A família agulha*, romance que combina a comicidade com uma pitada de ironia.

> Eis-nos em pleno século de eletricidade, de máquinas americanas, de Alcazar e de notas falsas! A mantilha, a beatice, a ingenuidade e o chapéu alto desapareceram completamente nas ondas tempestuosas da moda parisiense. O homem artificial tomou o lugar do homem da natureza; o figurino sucedeu à criatura, e há hoje quem duvide até da existência de Adão e do episódio do pecado original. (Guimarães Júnior, 1987, p.176)

A reincidência dos argumentos utilizados pelos romancistas não parece ser aleatória; como intelectuais bastante atentos à necessidade de concorrer para o desenvolvimento da nação e de contribuir com a instrução e moralização da população, nossos romancistas acreditaram que somente o intenso processo de urbanização não seria suficiente para conferir um aspecto civilizado à corte. Havia mais a ser feito pelo melhoramento social e a mulher tinha um importante papel a desempenhar nessa tarefa – cabia-lhe, por exemplo, a função intransferível de gerar descendentes sadios e prudentes, observadores dos bons modelos de conduta.

A mulher esteve no centro das atenções em razão, sobretudo, das novas possibilidades sociais que se lhe abriram, possibilidades que alargavam o cenário de sua existência, mas que também exigiam novos modos de controle. Se o acesso das mulheres às ocasiões de lazer representava uma face do processo de modernização, também tornava patente, de acordo com nossos escritores, a inevitabilidade de uma formação moral baseada em princípios mais tradicionais. Do contrário, as moças poderiam ser influenciadas pelo efeito das lisonjas recebidas nos salões ou, mesmo, serem seduzidas por pares mais experientes.

Mas os romancistas não se limitaram à mera exposição dos danos acarretados pela "vida ruidosa e dissoluta das capitais"; preocupavam-se, sobretudo, em indicar as formas para se remediar as consequências negativas da participação cada vez maior da mulher nesses novos espaços sociais. E nesse ponto, foram unânimes em suas opiniões: todos atribuíam à má educação a culpa pelo destino infeliz das moças desviantes dos romances. Entenda-se aqui destino infeliz como aquele no qual a mulher deixa, por motivos variados, de constituir família. Ilustram tal unanimidade diversas histórias contadas nos romances, das quais são expressivas as de Laura (Sousa, 1997) e Lúcia (Alencar, 1992). A primeira, com sua lista grande de erros, em que consta desde um rapto até a assassinatos, acaba por recolher-se a um convento. Seu filho, refletindo sobre a miséria moral da mãe, constata:

> Minha mãe tem sido bem criminosa, não o neguemos; é uma mulher cuja educação foi pouco, ou para melhor dizer, de nenhum modo curada: de tenra idade perdeu seu pai, e tendo treze anos abandonou a casa paterna: este crime foi o originário de todos os seus crimes, que mais tarde deveriam segui-la; este crime com dor digo, foi do meu desgraçado pai! [...] (Sousa, 1997, p.139)

Emiliano atribui parte da responsabilidade dos delitos de sua mãe aos pais dela, por terem se descuidado de sua educação, mas também ao homem que a seduziu e depois a abandonou. Na concepção do moço, a mulher, por ser "fraca", estaria mais sujeita aos "crimes que nascem de sua fraqueza" e, portanto, caberia ao homem, "sendo mais forte e devendo ser mais pensador", fazê-la desistir de iniciativas reprováveis, "pintar-lhe todo o horror" das "negras ações" e mostrar-lhe as consequências negativas das atitudes baixas.

Noutro romance que também explora o tema da vitimização das mulheres pela sociedade corruptora, têm-se o caso de Lúcia, uma mulher privada desde nova da "felicidade daquelas que tem uma família". A menina teve de arrastar-se "ao mais profundo abismo da depravação" por falta de meios para ajudar a família que se encontrava doente, mas foi expulsa de casa pelo pai quando este soube da origem do dinheiro. Apesar de tamanha infelicidade, Lúcia consegue preservar os "germes da virtude em seu coração", o que lhe causa imensa dor e uma vergonha profunda, sentindo-se indigna do homem que amava. Ou seja, se tivesse encontrado outras formas de contornar a situação de sua família e se não vivesse numa sociedade "corruptora" como a do Rio de Janeiro, Lúcia não cairia em estado tão deplorável.

Menos trágica é a história de Aurélia Camargo (Alencar, 1967), que também possuía, antes de ser surpreendida por uma herança inesperada, uma difícil situação financeira. Num dos muitos e ofensivos diálogos que estabelece com Fernando Seixas, seu marido, a heroína descreve seu passado nos seguintes termos:

> O recato é o mais puro véu de uma senhora. Feliz aquela que vive à sombra do zelo materno e só a deixa pelo doce abrigo do amor santificado. Sua virtude tem como esta flor a tez imaculada, e o perfume vivo. Essa ventura não me tocou; achei-me só no mundo, sem amparo, sem guia, sem conselho, obrigada a abrir o caminho da vida, através de um mundo desconhecido. Desde muito cedo vi-me exposta às suspeitas, às insolências e às vis paixões; habituei-me para lutar com essa sociedade, que me aterra, a envolver-me na minha altivez, desde que não tinha para guardar-me o desvelo de uma mãe ou de um esposo. (ibidem, p.233)

Aurélia possuía, no entanto, associada ao natural recato, uma perspicácia incomum à maioria das moças e, mesmo enfrentando sozinha muitos perigos, encontrou meios de reestruturar sua vida.

Em oposição a essas três personagens, Laura, Lúcia e Aurélia – que nasceram em famílias desestruturadas e desprovidas de recursos, e receberam, do ponto de vista dos escritores, uma educação descuidada – encontra-se a caprichosa Eugênia (Assis, 2004), menina de boas posses e centro das atenções do pai, extremamente zeloso. Sua educação, contudo, também deixou a desejar, mas por motivos completamente diferentes dos das três moças anteriores. No caso de Eugênia, foi o excesso de zelo e a complacência paterna que a tornou "caprichosa, rebelde e superficial e frívola". O "tumulto exterior da vida" a fascinava: "a modista a desmamou; uma contradança foi a sua primeira comunhão" (ibidem, p.84), comenta com ironia o narrador:

> Caprichosa, rebelde, superficial, Eugênia não teve a fortuna de ver emendados os defeitos; antes foi a educação que lhos deu. Dos lábios de Camargo nunca saiu uma expressão corretiva; nenhum de seus atos revelou esse procedimento vigilante e diretor, que é a nobre atribuição da paternidade. Se a índole da filha fosse má, a cumplicidade do pai fá-la-ia péssima. (ibidem, p.84)

Outra menina educada de maneira inapropriada com relação aos padrões ideais previstos nos romances foi Lenita, do romance *A carne* (Ribeiro, 1938, p.10).

Leitura, escrita, gramática, aritmética, álgebra, geometria; geografia; história, francês, espanhol, natação; equitação; ginástica, música, em tudo isso Lopes Mattoso exercitou a filha, porque em tudo era perito: com ela leu os clássicos portugueses, os autores estrangeiros de melhor nota, e tudo quanto havia de mais seleto na literatura do tempo.

A menina recebera "instrução acima do vulgar", mas em razão disto, já com vinte e dois anos, permanecia solteira e não se interessava pelos pretendentes, pois achava que não estavam à altura de seus conhecimentos. Esta situação levou Lopes Mattoso a reavaliar seu modo de educar a filha – estava quase convencido de que errara muito, dera-lhe conhecimentos acima da "bitola comum" e acreditava que a isso se devia o isolamento de Lenita.

Uma vez conhecidos alguns exemplos de educação que, segundo nossos romancistas, apresentavam perigosas falhas e os tipos de pais que deixavam de cumprir a "nobre atribuição" de bem educar seus filhos, ora pecando pelas faltas, ora pelos excessos, vejamos, finalmente, quais elementos teriam de compor a "verdadeira educação".

Pai e mãe deveriam, com bastante afeto, ensinar aos filhos, desde criança, as virtudes morais, ou seja, aquelas baseadas na tradição religiosa, tais como, bondade, honra, simplicidade, fidelidade, austeridade e gratidão. Também deveriam afastá-lo dos vícios que pudessem corrompê-los e dos perigos existentes nos grandes centros urbanos, onde a febre da boêmia proporciona alegrias efêmeras, mas logo arrasta o indivíduo para a desordem. Especialmente na menina, deveriam incentivar a meiguice e o recato, características extremamente vinculadas, nas páginas dos romances, à feminilidade. Força e fraqueza, inteligência e beleza, dignidade e inocência, carreira pública e prendas domésticas, muitos são os polos utilizados pelos escritores para contrapor o masculino ao feminino. E como os homens estão mais próximos da razão e as mulheres da emoção, era mister que recebessem educação diferenciada. Tal distinção é explorada com minúcia por Aluísio Azevedo, no romance *Livro de uma sogra*. Ao recordar-se de seus dezoito anos, idade com que se casara, a personagem Olímpia resume da seguinte forma as qualidades apresentadas por seu marido e por ela própria, qualidades essas que a seu ver são suficientes para constituir um par "simétrico" e assegurar um casamento "equilibrado".

Éramos ambos de boa família, ambos muito bem relacionados, ambos sadios, ambos até bonitos. Ele – médico, inteligente, trabalhador, conservando intacto um patrimônio de quarenta contos, que herdara ainda criança; gênio feliz, costumes irrepreensíveis, nada de vícios perigosos e nada de paixões de qualquer gênero [...]. Eu, pelo meu lado, inocente e pura, educada sob os mais austeros exemplos da moral e virtude, tendo feito minha aprendizagem doméstica sem prejuízo dos meus pequenos dotes sociais; sabendo coser, como sabendo bordar; dirigir o serviço dos criados, governar uma casa, como sabendo tocar piano, receber visitas e dançar uma valsa; e mais: tinha boa ortografia, alguma leitura, que não era composta só de maus romances, um pouco de francês, um pouco de inglês, um pouco de desenho, sessenta contos de dote, princípios religiosos bem regulados, caráter sereno, temperamento garantido por hereditariedade natural, seguros hábitos de asseio, alinho gosto no vestir [...]. Eis como nós éramos os dois. E eu – meiga e delicada; e meu marido – extremoso e forte. (Azevedo, 1973, p.23)

Olímpia ainda completa, mais adiante, que "justamente dessa desigualdade", "desse contraste de aptidões físicas e morais", da "variedade de competências" derivava a harmonia do casal. A igualdade entre ambos poderia ser "bonita" se não fosse "impossível" e "inconveniente" (ibidem, p.48).

Em poucas palavras, homem e mulher deveriam ser preparados para o desempenho de suas respectivas funções sociais, dentre as quais o casamento, seguido necessariamente da procriação, representava a principal realização na vida de ambos. Enquanto não chegava à idade de se casar, enquanto não se transformava em "esposa, para cuidar na constância de seu marido", enquanto não era mãe, "para entregar-se toda inteira ao cuidado de seus filhos", a menina podia pensar nos vestidos de suas bonecas, no romance que estava lendo, na música que pretendia cantar no próximo sarau ou nos enfeites para o próximo baile. Mas, chegado o momento adequado, teria de entregar-se a seu esposo e dedicar-se à felicidade conjugal e à educação de seus filhos – "convinha não passar dos vinte anos" (Azevedo, s. d., p.54.) alerta Dr. Lobão, no romance *O homem*, porque "o útero, conforme Platão, é uma besta que quer a todo custo conceber no momento oportuno; se lho não permitem – dana!" (ibidem, p.98).

Menos fisiológico e mais "sociológico" foram os comentários acerca do solteirismo de Mariana. Tinha 24 anos e "ainda" estava sem marido; "coitada!", diziam alguns, "é preciso cuidares de casar-te, estás te fazendo velha!", diziam outros (Macedo, s.d., p.28). No romance *A normalista*, o narrador exclama sobre a personagem Lídia Campelo, a poucos dias de se casar: "A Campelinho não cabia em si de contentamento; pudera! Ia enfim ver-se livre do perigo de ficar para tia" (Caminha, 1998, p.141). A mãe de Aurélia Camargo, igualmente, incomodava-se com a reclusão da filha e nessas ocasiões sempre dizia: "O que me aflige é não ver-te casada" (Alencar,

1967, p.90). O desenvolvimento pleno da sociedade, segundo a lógica dos romancistas, dependeria da difusão e do reconhecimento dos valores da família, calcada nos sólidos preceitos matrimoniais. "É loucura quebrar de chofre o que é produto de uma evolução de milhares de séculos. A sociedade tem razão: ela assenta sobre a família, e a família assenta sobre o casamento", assevera o narrador do romance *A carne* (Ribeiro, 1938, p.245). Por isso as "solteironas" não eram vistas com bons olhos e por isso também se criticava os rapazes dados à vida ruidosa e suas "aventuras picantes" – afinal, nada, segundo os romances, poderia ser mais reconfortante que o doce aconchego doméstico.

É justamente essa conclusão a que chegou o personagem Gregório, no romance *Girândola de amores*, depois de comparar dois ritmos de vida opostos – o do casado e o do celibatário – e de considerar os prazeres proporcionados por cada um deles:

Comparai os dois sentidos. De um lado o desafeiçoado pândego, que vive *au jour le jour*, comprando fôlego a fôlego a sua vida inútil e egoísta; de outro lado o trabalhador modesto, que moureja durante o dia para prover a subsistência da mulher que ama e dos filhinhos que à noite o esperam. Um vai aos teatros, bebe, ri, galanteia as mulheres, mas volta para a cama do hotel em que mora ou da amante que lhe pertence na ocasião, com o corpo cansado e gasto e a alma desconfortada e fria. Tudo lhe causa aborrecimento, tudo o enche de tédio: os amigos, os prazeres e o próprio vício. [...] Enquanto o outro, o burro de carga, aquele que durante o dia, em vez de gastar, ganhou; aquele que devia ao chegar à noite sentir-se cansado e indisposto, esse entra em casa quase sempre cantarolando e sempre sorrindo; abraça a mulher, beija os filhos, afaga o cão, dá uma vista de olhos pelo jardim e assenta-se ao lado dos seus para cear, feliz, confortado, fortalecido pela dignidade do seu esforço, abençoado por aqueles que vivem de sua atividade e do seu amor, e afinal deita-se a dormir, tranquilamente, com o coração despreocupado, o sangue fresco e a consciência lisonjeada. (Azevedo, 1960, p.41)

Note-se que toda exposição procura enfocar os prazeres mundanos por seu aspecto passageiro, ilusório e degradante, e a vida responsável em família por seus benefícios e recompensas – todas as considerações pesam a favor do casamento e da geração de descendentes. Convém observar que, mesmo depois de casados, o casal deveria continuar respeitando as convenções conjugais, cooperando, dessa forma, para a felicidade da família. E nesse sentido os romancistas demarcaram com bastante precisão as obrigações de cada um para a harmonia doméstica. É a sogra Olímpia quem novamente nos fala de alguns requisitos esperados do "bom marido":

> Ter ou obter meios para a regulada subsistência familiar; não perturbar nunca a paz burguesa do lar; atrair a casa, de vez em quando, amigos sérios e respeitadores dos princípios estabelecidos; promover partidas de dança, em que a mulher se divirta, em que as filhas, se já estiverem desenvolvidas, possam namorar para obter marido; não faltar nunca ao lado da esposa com o provimento sexual de que ela, conforme o seu temperamento, careça para o seu bem estar e perfeita sinergia do organismo; [...] E mais: o bom marido deve recolher-se à casa sempre cedo; não sair para o passeio ou para o teatro sem levar a família; evitar a convivência mundana com todo o indivíduo que for popular e apontado a dedo. (Azevedo, 1973, p.49)

Além disso, a empenhada sogra ainda acrescenta que os atos e ações do "bom marido" devem ser tão constantes como um pêndulo de relógio – "Da casa para o trabalho, do trabalho para casa" – e a maior recompensa por toda essa dedicação encontraria o "bom marido" na felicidade de ser pai.

Enquanto ao homem cabia o papel de provedor, a mulher devia ocupar-se dos misteres domésticos, dirigindo corretamente seus criados, dedicando-se ao aperfeiçoamento de suas prendas e, quando mãe, zelando pela educação da criança. Também não podia se esquecer de agradar a seu esposo, pois, mesmo depois que "o pássaro já está preso" (Macedo, s.d., p.230), ele poderia desinteressar-se e "voar". Portanto, convinha tomar certos cuidados, como não aparecer desarrumada na frente do marido, com os "cabelos desgrenhados" e os "pés nus", não abandonar o piano e as leituras que "deleitam o coração" e, muito menos, tratá-lo com mau humor quando ele chegar do trabalho. Devia, em suma, utilizar-se dos mesmos meios para segurar o marido de que se valera quando era solteira.

[...] quando de manhã aparecer-lhe, apareça-lhe penteada, vestida com simplicidade, mas sem negligência, com seu vestido apertado, fresca, louçã e bela, que, ou me engano muito, ou ganhará um abraço de seu esposo; gostava ele de ouvi-la cantar?... pois cante ainda, e cada vez mais aprimore a sua voz. Dava-lhe prazer o piano? a harpa? ... pois estude novas músicas, e em relação com o gosto do homem que ama; e converse com ele como antes, meiga e pudibunda, e ao mesmo tempo amorosa; e, finalmente, sem deixar-se cair no ridículo, obrigue a seu marido a ser ainda seu namorado [...]. (ibidem, p.232)

Como se vê, receitas para o sucesso matrimonial é o que não faltam. Cada escritor encontrou o seu modo de reforçar essa instituição social chamada casamento, abordando-a sempre por suas vantagens. O "casamento é a base de toda sociedade civilizada", é a mais "nobre de todas as instituições" (Caminha, 1998, p.102). O celibato é, frequentemente, caracterizado por seus incontáveis prejuízos e frustrações, que vão desde o estar só até, no caso das mulheres, a uma doença nervosa, como aconteceu com Magda, protagonista do romance *O homem* – desde que se convencera da impossibilidade de casar-se com Fernando, a menina adoece progressivamente até que seu quadro de febres, crises nervosas e letargia acaba por desencadear a histeria. Na opinião de Dr. Lobão, que acompanhou o caso da pobre enferma, o casamento poderia ajudar a restabelecer o equilíbrio de certos órgãos, que, exacerbados, alterariam fatalmente o sistema psíquico da moça. Lobão, porém, acreditava que a doença pudesse ter outras causas além da abstinência sexual e expõe a controvérsia em relação à sede dessa disfunção: no encéfalo ou no útero. Reafirma, no entanto, que no caso de Magda, convinha arranjar-lhe logo um marido que ajudasse a contornar sua "perigosa exaltação nervosa". Independentemente da discussão acerca da sede da histeria, a doença não deixou de ser associada, tanto pelos textos médicos, quanto pelos romances, quase exclusivamente a mulheres, ajudando a reforçar a noção de que a fraqueza e a susceptibilidade seriam caracteres praticamente intrínsecos ao sexo feminino. Legitimava-se, também, dessa forma, a ideia de que o casamento, se é importante para o homem, é indispensável para a mulher, pela necessidade que ela tem da proteção desse "ente superior" que toma por marido, que lhe dá "firme garantia à sua fraqueza e ao seu pudor" (Azevedo, 1973, p.44). É Joaquim Manoel de Macedo (1981, p.164) quem explica:

> Primeiro felizmente adormecida no doce cativeiro de seus pais, acorda com um gemido para passar ao de seu tutor, ou se sorri, recebendo as cadeias que lhe lança seu marido, sujeita desde que nasce... sujeita até que morre, tem sempre ao pé de si um homem para pensar, e desejar por ela; para pelo prazer dele medir o seu... é uma criança, que sempre se vigia... um cego, que se leva pela mão; ou, ao muito, quando consegue ser amada, uma escrava, que se prende em um altar, uma divindade que se tem em ferros, e a quem se dá o nome de senhora!

No romance *O mulato* (Azevedo, 1975, p.124), encontramos outra reflexão bastante semelhante:

> E cismava: "Sim, precisava casar, fazer família, ter um marido, um homem só dela, que a amasse vigorosamente!" E via-se dona de casa, com o molho de chaves na cintura – a ralhar, a zelar pelos interesses do casal, cheia de obrigações, a evitar o que contrariasse o esposo, a dar as suas ordens para que ele encontrasse o jantar pronto. E queria fazer-lhe todas as vontades, todos os caprichos – tornar-se passiva, servi-lo como uma escrava amorosa, dócil, fraca,

que confessa sua fraqueza, seus medos, sua covardia, satisfeita de achar-se inferior ao seu homem, feliz por não poder dispensá-lo.

Sujeita, passiva, dócil, fraca, criança, escrava – adjetivos significativos para encerrar um modo de ser mulher ou uma concepção de feminino que correspondesse às expectativas sociais determinadas pelos próprios romances – casar e ter filhos. Deitado o "anzol no mar" e fisgado o "peixinho" (Macedo, 1981, p.27), era preciso que tivesse um "bom útero", "que é tudo na mulher: equivale a um bom cérebro!" (Caminha, 1998, p.307). Ela poderia, então, além de ser a esposa fiel, cheia de virtudes domésticas, completar sua maior missão, a de ser mãe. "A grande missão de mulher é a maternidade [...] Uma mãe em regra geral, sabe amar muito, e só cura de seu amor; vive de beijar, de contemplar seu filho" (Macedo, s.d., p.166).

Abundantes são as passagens que exploram a relação entre a mulher e a procriação, todas elas apresentando pontos de vista bastante semelhantes. Seja de maneira mais "romanceada", como em Joaquim Manoel de Macedo, ou de forma mais "objetiva", como em Aluísio Azevedo, a mulher foi insistentemente vinculada a sua função reprodutiva, e todos os seus interesses deveriam ser canalizados para o bom exercício dessa missão, missão, aliás, legitimada pelos autores como um destino imposto pelas leis naturais, como se pode perceber na reação da personagem Ana Rosa, do romance *O mulato* (Azevedo, 1975, p.123), ao abrir um tratado de fisiologia e observar a gravura de uma mulher no momento do parto.

Todo o ser se lhe revolucionou; o sangue gritava-lhe, reclamando o pão do amor; seu organismo inteiro protestava irritado contra a ociosidade. E ela então sentiu bem nítida a responsabilidade dos seus deveres de mulher perante a natureza, compreendeu o seu destino de ternura e sacrifícios, percebeu que viera ao mundo ser mãe; concluiu que a própria natureza lhe impunha, como lei indefectível, a missão sagrada de procriar muitos filhos, sãos, bonitos, alimentados com seu leite, que seria bom e abundante, e que faria deles um punhado de homens inteligentes e fortes.

Maternidade, casamento, inferioridade feminina etc., foram temas bastante explorados pela prosa de ficção do Oitocentos, ou melhor, foram temas praticamente obrigatórios nas tramas que tinham como pano de fundo o cenário urbano. Formulando frases bastante parecidas quanto à "natureza" da mulher, os romancistas contribuíram para que a figura feminina correspondesse, pelo menos em suas histórias, a um determinado padrão muito bem definido: fraca, sensível, esposa e mãe, foram quase nulas as variantes desse conjunto.

Associada a essa pintura detalhada do tipo feminino, os romances também veicularam inúmeras lições morais, preocupados que estavam os prosadores oitocentistas com a instrução de suas "amáveis leitoras". Ainda "não tínhamos compreendido o importante papel da mulher na civilização" (Caminha, 1998, p.312), nossa "educação doméstica" continua "detestável" e "nossos costumes" são de um "povo analfabeto", tais sentenças, comuns aos romances do Oitocentos, explicam porque os escritores brasileiros adotaram, ao longo do século XIX, uma espécie de compromisso com a educação feminina.

A afirmação de valores morais, de forma mais ou menos explícita, foi "pedra de toque" em todas as histórias. De simples indicações literárias a grandes exemplos de virtude, a prosa de ficção oitocentista é sempre recheada de "nobres ensinamentos", ainda quando descreve acontecimentos imorais e criminosos – a descrições dessa ordem seguiam, invariavelmente, reflexões instrutivas e bem ponderadas sobre as causas e as consequências de tal ou qual incidente. Dessa maneira procede Teixeira e Sousa, por exemplo, em seu romance *O filho do pescador* (Souza, 1997, p.57), ao longo do qual o autor menciona, repetidas vezes, sua preocupação em escrever uma "história moral", mesmo descrevendo crimes e adultérios:

No meio dos mais horrorosos crimes há sempre um lado de moralidade; conhecê-la esta em estudá-los. Estudemos, pois, os crimes, não em si próprios, mas em seus resultados e em sua origem; então um véu rasgar-se-á diante de nossos olhos, e esse cubo apresentara ao nosso exame uma face bem diversa daquela que antes observávamos. No fim de tudo, notemos que os prêmios e castigos andam sempre de envolta com os bens e com os males.

Enquanto alguns escritores optavam por abolir as reticências que, convencionalmente, se sobrepunham à narração de situações indecorosas, outros eram bem mais cautelosos na exposição de circunstâncias imorais. José de Alencar preferiu arriscar-se à descrição literal de uma "ocasião difícil" a lançar ali alguns pontos, que, a seu ver, só iriam "aguçar a curiosidade" do leitor. "Com efeito, a reticência não é a hipocrisia do livro, como a hipocrisia não é a reticência da sociedade?" (Alencar, 1992, p.39), questiona a certa altura de sua explanação. Descer a crueza dos fatos significava, para o autor, demonstrar o quanto a decência pública havia sido omissa e o quanto a moral literária também havia se esquivado de encarar algumas questões delicadas da sociedade fluminense. Por isso, opta por retratar a vida da prostituta Lúcia em seus aspectos mais reprováveis, desdobrando, sobretudo, as razões que levaram a personagem a uma condição tão torpe. E Alencar o faz com a consciência tranquila, como denota o uso da seguinte metáfora: "A borboleta esvoaça sem pousar entre as flores venenosas, por mais brilhantes que sejam; e procura o pólen no cálice da violeta e de outras plantas humildes e rasteiras. O espírito da moça é a borboleta; o seu instinto a castidade" (ibidem, p.39). Era preciso, pois, na visão do autor, conhecer a "flor venenosa" para saber distingui-la das outras — a menina resguardada em sua pureza jamais seria tocada por exemplos reprováveis, que só serviriam para "fixar" ainda melhor em seu coração as belas virtudes e suas nobres recompensas.

Utilizando também a alegoria do veneno camuflado sob a aparência de bonitas flores, Joaquim Manuel de Macedo aborda a questão do suicídio, em romance que tenta chamar atenção para a falta de uma bem dosada educação religiosa na formação da mocidade de ambos os sexos. *O veneno das flores* conta a história de Juliana, menina que "foi o que a educação a tinha feito" — caprichosa, altiva, temerária e vaidosa — e que tudo esperava do mundo e nada esperava do céu. Desde muito nova seus pais não lhe remediaram os defeitos, antes, contribuíram para acentuá-los; moça feita, "as sociedades abriram em par suas portas" e Juliana tomou gosto em ver-se incensada e adorada, em estar sempre cercada por lisonjeiros e submissos cortesãos e em sempre triunfar diante de suas rivais. É então que conhece Jorge de Almeida, moço acostumado à vida tumultuosa e desregrada, e apaixona-se. Daí por diante segue o desfecho previsível: Jorge de Almeida, incapaz de respeitar a família que o recebe e a honra da mulher pura que o ama, seduz Juliana, abandona-a e casa-se com outra; Juliana, grávida, fica exposta à vergonha pública e, não suportando destino tão infeliz, mata-se. Pedagogicamente exemplar é o trecho do romance no qual o narrador expõe o repúdio social sofrido pela personagem após sua desonra:

> As sociedades a enxotavam do seu meio com a injúria, que nem mais procuravam disfarçar.
> Os pais e as mães tinham recomendado às suas filhas que fugissem da companhia de Juliana.
> Os mancebos atreviam-se a olhá-la de um modo que equivalia a um insulto.
> E a infeliz recuara diante dessa manifestação terrível e não tornando mais a aparecer no mundo das festas e dos prazeres, escondia a sua vergonha no interior do lar doméstico.
> Juliana recebia o castigo de uma grave falta. Uma sociedade moralizada, que se respeita e que se estima, não pode receber a mulher que se deixou seduzir, pondo-a em contato com as donzelas e com as senhoras honestas, cercando-as dos mesmos respeitos. A distinção entre umas e outras é o justo prêmio devido à virtude. (Macedo, 1945, p.519)

Discussões menos embaraçosas, mas igualmente morais, foram estabelecidas por outros livros. Se nos romances *O filho do pescador*, *Lucíola* e *O veneno das flores* toca-se em questões censuráveis socialmente – homicídio, adultério, prostituição e suicídio –, outros não deixam de prestar importante contributo ao mapeamento de certos desvios de conduta que, se não acarretam consequências tão graves, são igualmente reprováveis: "dos mais simples casos se pode recolher lição", lembra Macedo (s.d., p.8). Mentira, infâmia, interesse, falsidade, chantagem, são somente alguns dos perigosos vícios apresentados pelas peripécias romanescas, por meio de personagens menos atentos aos bons modelos de comportamento, personagens que, todavia, sempre recebiam a devida punição por seus erros.

Não há véu bastante denso para esconder de todo os delitos. Tarde ou cedo... tudo se descobre; e muitas vezes um homem que cometeu um crime abominável, e que se julga impune, porque acredita que todos ignoram a ação nefanda que praticou, vai passando pela multidão com a cabeça levantada, sem saber que outro está apontando para ele e dizendo: "Ali vai um malvado!" (Macedo, s.d., p.370)

Ainda quando uma falta permanecesse em sigilo e não fosse submetida à reprovação pública, havia que se temer a punição divina, pois a essa, sim, nunca se pode escapar: "O juiz severo, justo e onipotente castiga lá... Em sua infinita sabedoria – ele sabe como. – Nós, míseros insetos diante dele, não podemos compreender esse castigar da onipotência" (ibidem, p.360).

Idealizadores de uma sociedade "civilizada", os prosadores oitocentistas não pouparam esforços nesse projeto de moralização dos habitantes, corroborado por parte substantiva da elite letrada: fizeram de seus romances verdadeiros repositórios de papéis sociais e modelos de conduta esperados para os indivíduos. Esperavam, enfim, concorrer para a difícil tarefa de instruir a população, incutir-lhe hábitos ordeiros e dóceis, para que se consumasse a construção de um Estado calcado em sólidos preceitos morais.

Considerações Finais

Jornalistas, médicos, literatos, vimos, ao menos em parte, no decorrer dos quatro capítulos desse livro, como cada um desses membros da elite letrada brasileira buscou, no decorrer do século XIX, contribuir para a tarefa de propagar a ilustração e, consequentemente, cooperar na difusão de princípios morais. A crença de que a instrução constitui elemento vital nas sociedades modernas e é condição primeira de qualquer progresso marcou o pensamento desses intelectuais, que também pretendiam, por meio de suas atuações, concorrer para a diminuição dos vícios e para a propagação das virtudes entre a população. A mulher esteve no centro das atenções desses escritores; sobretudo, em função dessa preocupação com a moralização dos indivíduos, ou seja, enquanto primeira mestra do homem a mulher deveria possuir condições mínimas para proporcionar a seus filhos uma formação baseada em bons princípios.

À primeira vista, os gêneros documentais abordados poderiam parecer de ordem muito diversa e, até mesmo, incompatíveis, porém, a análise destes indicou o quão semelhantes eram em seus propósitos e argumentos.

Na avaliação das consequências da urbanização sob os hábitos femininos, por exemplo, textos médicos, jornalísticos e literários tentaram enfatizar que, se o acesso das mulheres aos novos círculos de sociabilidade não fosse muito bem controlado, poderia se tornar um empecilho à realização de suas principais missões: o casamento e a maternidade. Levada pelo "turbilhão dos festins arrebatadores", arrastada pelas "ondas tempestuosas da moda parisiense", a mulher estaria mais sujeita às armadilhas dos prazeres mundanos. A vida em sociedade poderia, inclusive, prejudicar o temperamento das donzelas, excitando seu sistema nervoso, de acordo com os médicos, tornando-as mais instáveis, segundo os romances. A mulher fora do lar era, conforme uma das metáforas utilizadas, como a rosa tirada da roseira, logo perderia a frescura e a beleza vistosa.

Acerca dos paradigmas de feminilidade, o padrão frágil, sensível, intelectualmente inferior foi o que prevaleceu, tanto nos trabalhos acadêmicos, quanto nos romances. Tiranizada por sua sensibilidade, demandando sempre os cuidados de um protetor, as mulheres foram descritas, científica ou romanescamente – se é que há efetivamente diferença – como seres passivos.

Outro tópico praticamente obrigatório na documentação consultada foi o referente à educação. Muitos foram os aspectos abordados dessa temática. Primeiramente, os textos enfocavam a importância de se cuidar da educação de ambos os sexos, oferecendo alguns modelos e apresentando condutas a serem incentivadas. Em seguida, refletiam sobre a função educadora da mulher e sobre a importância do bom desempenho dessa função para o progresso social. Quanto à educação feminina, recomendavam certa prudência nos estímulos intelectuais – os excessos desses estímulos poderiam concorrer para o desajuste social das moças e, até mesmo, para uma disfunção nervosa.

Acerca da instituição casamento, esses letrados também manifestaram as mesmas opiniões – o celibato era sempre descrito por seus diversos prejuízos e a vida em família por suas imensuráveis vantagens. A união pelo matrimônio, assim como a boa educação, representavam, na ótica oitocentista, meios profiláticos na inibição da desordem e dos vícios.

Mas, fixada a norma, literatos e médicos não se esqueceram de demarcar, com bastante precisão, alguns desvios, seguidos de seus prováveis danos. Nos textos médicos, tudo que fugia ao padrão comportamental previamente estipulado era associado a algum tipo de patologia – vimos, por exemplo, os recursos utilizados pela medicina mental na definição de novas estratégias de controle. Já nos romances produzidos no século XIX, textos nos quais prevalecem os enredos morais e cujos personagens podem ser divididos, basicamente, em dois grupos – os modelares e os desviantes –, os vícios sociais sempre recebiam a devida sentença: para a virtude, a recompensa, para os crimes, o castigo.

Na verdade, médicos e literatos, guardadas as devidas singularidades de suas profissões, foram agentes sociais empenhados numa missão comum – seja em nome da saúde, seja em nome do bem estar público, tentavam demonstrar o que se paga por transgredir a norma. Loucos nos hospícios; leituras licenciosas, censuradas; histéricas, prostitutas, "desonradas", fadadas à infelicidade. Tratamento para os desvios e punição para os delitos, "é como se as fantasias de carcereiro e verdugos tivessem guiado, até agora, a educação do gênero humano" (Nietzsche, 1974, p.169).

REFERÊNCIAS BIBLIOGRÁFICAS

Textos oitocentistas

Novelas e romances

A FILÓSOFA POR AMOR ou cartas de dois amantes apaixonados e virtuosos. Rio de Janeiro: Impressão Régia, 1811. Disponível em: <http://www.caminhosdoromance.iel.unicamp.br/>. Acesso em: 5 fev. 2007

ALENCAR, J. de. *Cinco minutos* (1856); *A viuvinha* (1857); *A pata da gazela* (1870); *Encarnação* (1893). Rio de Janeiro: Livraria José Olympio Editora, 1953.

_____. *Diva* (1864). São Paulo: Edições Melhoramentos, s. d.

_____. *Senhora* (1875). Rio de Janeiro: Letras e Artes, 1967.

_____. *Lucíola* (1862). São Paulo: Ática, 1992.

ALMEIDA, J. L. de. *A viúva Simões*. Romance publicado pela *Gazeta de Notícias* em 1895. Disponível em: <http://www.dominiopublico.gov.br/download/texto/bi000170.pdf>. Acesso em: 5 fev 2007.

ALVARENGA, L. J. D'. *Statira e Zoroastes*. Rio de Janeiro: Imperial Typografia de Plancher, 1826. Disponível em: <http://www.caminhosdoromance.iel.unicamp.br/>. Acesso em: 5 fev. 2007.

ASSIS, M. de. *O anjo das donzelas*. Romance publicado pelo *Jornal das Famílias* em 1864. Disponível em: <http://www.dominiopublico.gov.br/download/texto/fs000103pdf.pdf>. Acesso em: 5 fev. 2007.

ASSIS, M. de. *Confissões de uma viúva moça*. Romance publicado pelo *Jornal das Famílias* em 1865. Disponível em: <http://www.dominio publico.gov.br/download/texto/ua000190.pdf>. Acesso em: 5 fev. 2007.

_____. *Felicidade pelo casamento*. Romance publicado pelo *Jornal das Famílias* em 1866. Disponível em: <http://www.dominiopublico.gov.br/download/texto/fs000089pdf.pdf>. Acesso em: 5 fev. 2007.

_____. *Helena* (1876). São Paulo: Martin Claret, 2004.

AZEVEDO, A. *O homem* (1887). São Paulo: Livraria Martins Editora, s. d.

_____. *Girândola de amores* (1882). São Paulo: Livraria Martins Editora, 1960.

_____. *Livro de uma sogra* (1895). São Paulo: Livraria Martins Editora; Brasília: INL, 1973.

_____. *O mulato* (1881). São Paulo: Livraria Martins Editora; Brasília: INL, 1975.

CAMINHA, A. *A normalista* (1893). São Paulo: Editora Record, 1998.

GUIMARÃES JÚNIOR, L. *A família agulha* (1870). Rio de Janeiro: Presença, 1987.

MACEDO, J. M. de. *Os dois amores* (1848). São Paulo; Rio de Janeiro; Porto Alegre: W. M. Jackson INC. Editores, s. d.

_____. *Rosa* (1849); *O rio do quarto* (1869); *Uma paixão romântica*; *O veneno das flores* (1861). São Paulo: Livraria Martins, 1945. Disponível em: <http://www.caminhosdoromance.iel.unicamp.br/>. Acesso em: 5 fev. 2007.

_____. *A misteriosa*. (1872). Rio de Janeiro: Ocidente, s. d. Disponível em: <http://www.caminhosdoromance.iel.unicamp.br/>. Acesso em: 6 fev. 2007.

_____. *A moreninha* (1844). São Paulo: Ática, 1971.

_____. *O moço loiro* (1845). São Paulo: Ática, 1981.

MAGALHÃES, V. *Flor de sangue* (1897). São Paulo: Editora Três, 1974.

MENDONÇA, L. de. *O marido da adúltera* (1882). São Paulo: Editora Três, 1974.

O COMBATE DAS PAIXÕES. Novela traduzida do francês. Lisboa: Impressão Régia, 1816. Disponível em: <http://www.caminhosdoro mance.iel.unicamp.br/>. Acesso em: 5 fev. 2007.

PAULO E VIRGÍNIA. História fundada em fatos. Rio de Janeiro: Impressão Régia, 1811. Disponível em: <http://www.caminhosdoro mance.iel.unicamp.br/>. Acesso em: 5 fev. 2007.

RIBEIRO, J. *A carne*. (1888) Rio de Janeiro; São Paulo; Belo Horizonte: Livraria Francisco Alves, 1938.

SILVA, J. N. de S. *Romances e novelas* (1852). São Paulo: Landy, 2002.
SOUSA, A. G. T. e. *O filho do pescador* (1843). Rio de Janeiro: Artium, 1997.

Textos médicos

A MULHER E O AMOR. Tese apresentada à Faculdade de Medicina do Rio de Janeiro. s.d.
BARROS, J. J. F. M. *Considerações gerais sobre a mulher e sua diferença do homem e sobre o regime que deve seguir no estado de prenhez*. Tese apresentada a Faculdade de Medicina do Rio de Janeiro, 1845.
COELHO, J. T. de. *Dos casamentos sob o ponto de vista higiênico*. Tese apresentada à Faculdade de Medicina do Rio de Janeiro, 1878.
CORDEIRO, M. L. *Qual é a alteração orgânica que se dá no histerismo, e consequentemente qual será o tratamento conveniente?* Tese apresentada à Faculdade de Medicina do Rio de Janeiro, 1857.
CORREA, H. *Histeria*. Tese apresentada à Faculdade de Medicina do Rio de Janeiro, 1878.
COSTA, J. L. da. *Considerações sobre o amor*. Tese apresentada à Faculdade de Medicina do Rio de Janeiro, 1848.
MANSO, A. R. M. *Do diagnóstico e tratamento das diversas manifestações do histerismo*. Tese apresentada à Faculdade de Medicina do Rio de Janeiro. Rio de Janeiro, 1874.
MAURÍCIO JÚNIOR, R. J. *A Hysteris*. Tese apresentada à Faculdade de Medicina do Rio de Janeiro, 1838.
MEIRELLES, Z. J. da S. *Breves considerações sobre as vantagens do aleitamento maternal*. Tese apresentada à Faculdade de Medicina do Rio de Janeiro, 1847.
MONCORVO, L. M. de A. *Algumas considerações médico-legais sobre o casamento e seus casos de nulidade*. Tese apresentada à Faculdade de Medicina do Rio de Janeiro, 1848.
PEIXOTO, A. L. da S. *Considerações gerais sobre a alienação mental*. Tese apresentada à Faculdade de Medicina do Rio de Janeiro. Rio de Janeiro, 1837.
SÁ, M. A. H. de. *Algumas reflexões e sobre a cópula, onanismo e prostituição no Rio de Janeiro*. Tese apresentada à Faculdade de Medicina do Rio de Janeiro. Rio de Janeiro, 1845.
TORRES, A. G. de L. *Breves considerações sobre o físico e o moral da mulher nas diferentes fases da sua vida*. Tese apresentada à Faculdade de Medicina do Rio de Janeiro, 1848.

Outros textos

AGASSIZ, J. L.; AGASSIZ, E. *Viagem ao Brasil 1865-1866*. Belo Horizonte: Itatiaia, 1977.
ASSIS, M. de. *Crítica literária*. Rio de Janeiro; São Paulo; Porto Alegre: W. M. Jackson INC, 1955. (Obras completas de Machado de Assis).
_____. *Crítica teatral*. Rio de Janeiro; São Paulo; Porto Alegre: W. M. Jackson INC, 1955. (Obras completas de Machado de Assis).
BARBOSA, R. *Obras completas*. v.5, tomo 2. Rio de Janeiro: Ministério da Educação e Saúde, 1947.
COUTINHO, A. (Org.). *Caminhos do pensamento crítico*. v.1. Rio de Janeiro: Americana, 1974.
DEBRET, J. B. *Viagem pitoresca e histórica ao Brasil*. Belo Horizonte: Itatiaia; São Paulo: Edusp, 1978.
DENIS, F. *Brasil*. Belo Horizonte: Itatiaia; São Paulo: Edusp, 1980.
JORNAL NOVO CORREIO DAS MODAS. Rio de Janeiro: Editores Eduardo e Henrique Laemmert, 1854.
MUZART, Z. L. (Org.). *Escritoras brasileiras do século XIX:* antologia. Florianópolis: Editora Mulheres, 2000.
PIRES DE ALMEIDA, J. R. *Instrução pública no Brasil (1500-1889)*. São Paulo: Educ, 2000.
RIBEIRO, I. M. *Transcrição dos textos publicados no Minerva Brasiliense (1843-1845):* crítica literária e artigos diversos. v.1. Anexo. Assis, 2001. Dissertação (Mestrado em Literatura Brasileira) – Universidade Estadual Paulista "Júlio de Mesquita Filho".
ROMERO, S. *História da literatura brasileira*. Rio de Janeiro: José Olympio; Brasília: INL, 1980.
VERISSÍMO, J. *História da literatura brasileira*. Brasília: Universidade de Brasília, 1981.

Estudos

ABREU, M. (Org.). *Leitura, história e história da leitura*. Campinas: Mercado de Letras, 1999.
_____. *Os caminhos dos livros*. Campinas: Mercado de Letras, 2003.
ABREU, M.; SCHAPOCHNIK, N. (Orgs.). *Cultura letrada no Brasil*. Campinas: Mercado de Letras, 2005.
ALGRANTI, L. M. *Honradas e devotas:* mulheres na colônia. São Paulo: José Olympio, 1993.

AUGUSTI, V. *Trajetória de consagração*: discursos da crítica sobre o romance no Brasil oitocentista. Campinas, 2006. Tese (Doutorado em Estudos da Linguagem) – Universidade Estadual de Campinas.

BADINTER, E. *Um amor conquistado:* o mito do amor materno. Rio de Janeiro: Nova Fronteira, 1985.

BASTOS, M. H. C. Leitura das famílias brasileiras no século XIX: o "Jornal das Famílias" (1863-1878). *Revista portuguesa de educação*, v.15, n.2, Portugal, 2002, p.169-214.

BICALHO, M. F. B. O bello sexo: imprensa e identidade feminina no Rio de Janeiro em fins do século XIX e início do século XX. In: COSTA, A. de O. (Org.). *Rebeldia e submissão*. São Paulo: Vértice, 1989, p.79-99.

BIRMAN, J. *A psiquiatria como discurso da moralidade*. Rio de Janeiro: Graal, 1978.

BOSI, A. *História concisa da literatura brasileira*. São Paulo: Cultrix, 1987.

CANDIDO, A. *Formação da literatura brasileira (momentos decisivos) 1750-1836*. Belo Horizonte: Itatiaia, 1997.

CANGUILHEM, G. *O normal e o patológico*. Rio de Janeiro: Forense Universitária, 1978.

CARVALHO, J. M. de. *A construção da ordem. A elite política imperial*. Rio de Janeiro: Campus, 1980.

_____. *A construção da ordem. A elite política imperial*. Rio de Janeiro: Civilização Brasileira: 2003.

CASTEL, R. *A ordem psiquiátrica:* a idade de ouro do alienismo. Rio de Janeiro: Edições Graal, 1978.

CASTELLO, J. A. *Aspectos do romance brasileiro*. Rio de Janeiro: MEC/ Serviço de Documentação, s.d.

_____. *A literatura brasileira:* origens e unidade. São Paulo: Edusp, 2004.

CASTELLO, J. A.; CANDIDO, A. *Presença da literatura brasileira:* das origens ao Romantismo. São Paulo: Difusão Europeia do Livro, 1968.

CHARTIER, R. *À beira da falésia:* a história entre certezas e inquietudes. Porto Alegre: UFRGS, 2002.

_____. *A história cultural entre práticas e representações*. Lisboa; Rio de Janeiro: Difel; Bertrand Brasil, 1990.

COSTA, A. de O.; BRUSCHINI, C. (Orgs.). *Rebeldia e submissão. Estudos sobre a condição feminina*. São Paulo: Vértice, 1989.

COSTA, J. F. *Ordem médica e norma familiar*. Rio de Janeiro: Graal, 1989.

COUTINHO, A. (Dir.). *A literatura no Brasil*. v.3 e 4. Rio de Janeiro: José Olympio, 1986.

CUNHA, M. C. P. *O espelho do mundo:* Juquery a história de um asilo. Rio de Janeiro: Paz e Terra, 1986.

DEL PRIORI, M. *A mulher na história do Brasil.* São Paulo: Contexto, 1989.

_____. (Org.). *História das mulheres no Brasil.* São Paulo: Contexto, 2000.

DANZELOT, J. *A polícia das famílias.* Rio de Janeiro: Graal, 1986.

ENGEL, M. *Meretrizes de doutores:* saber médico e prostituição no Rio de Janeiro (1840-1890). São Paulo: Brasiliense, 1989.

_____. *Os delírios da razão. Médicos, loucos e hospícios (Rio de Janeiro, 1830-1930).* Rio de Janeiro: Editora Fiocruz, 2001.

FREITAS, M. C. de (Org.). *História social da infância no Brasil.* São Paulo: Cortez Editora, 1997.

FORSTES, E. *Aspectos do romance.* 2.ed. São Paulo: Globo, 1998.

FOUCAULT, M. *A ordem do discurso.* São Paulo: Loyola, 1996.

_____. *Microfísica do poder.* Rio de Janeiro: Graal, 1999.

_____. *História da loucura na idade clássica.* São Paulo: Perspectiva, 2000.

_____. *História da sexualidade I:* a vontade de saber. Rio de Janeiro: Graal, 2005.

FRANÇA, J. M. C. *Literatura e sociedade no Rio de Janeiro oitocentista.* Lisboa: Imprensa Nacional – Casa da Moeda, 1999.

FREYRE, G. *Ingleses no Brasil*: aspectos da influência britânica sobre a vida, a paisagem e a cultura do Brasil. Rio de Janeiro: José Olympio, 1948.

_____. *Sobrados e mucambos.* 14.ed. São Paulo: Global Editora, 2003.

HAHNER, J. E. *Emancipação do sexo feminino. A luta pelos direitos da mulher no Brasil, 1850-1940.* Florianópolis: Editora Mulheres, 2003.

HALLEWELL, L. *O livro no Brasil:* sua história. São Paulo: Edusp, 1985.

HOLANDA, S. B. de (dir.). *História geral da civilização brasileira:* o Brasil monárquico. Tomo 2, v.1, 2 e 3. São Paulo: Difusão Europeia do Livro, 1967.

HOLLOWAY, T. *Polícia no Rio de Janeiro:* repressão e resistência numa cidade do século XIX. São Paulo: Editora Fundação Getulio Vargas, 1997.

LACERDA, L. de. *Álbum de leitura:* memórias de vida, histórias de leitoras. São Paulo: Editora Unesp, 2003.

LAJOLO, M. e ZILBERMAN, R. *A formação da leitura no Brasil*. São Paulo: Ática, 1996.

_____. *A leitura rarefeita, livro e leitura no Brasil*. São Paulo: Brasiliense, 1991.

LEITE, M. M. *Livros de viagem (1803-1900)*. Rio de Janeiro: Editora UFRJ, 1997.

_____. *A mulher no Rio de Janeiro no século XIX*. São Paulo: Fundação Carlos Chagas, 1982.

LIMA, O. D. *João VI no Brasil*. Rio de Janeiro: Topbooks, 1996.

MACHADO, R. *Ciência e saber:* a trajetória da arqueologia de Foucault. Rio de Janeiro: Graal, 1981.

MACHADO, R. et al. *Danação da norma:* medicina social e construção da psiquiatria no Brasil. Rio de Janeiro: Graal, 1978.

MACHADO, U. *A vida literária no Brasil durante o romantismo*. Rio de Janeiro: Editora UERJ, 2001.

MARTINS, W. *A crítica literária no Brasil*. Rio de Janeiro: Francisco Alves, 1983.

_____. *História da inteligência brasileira*. São Paulo: Cultrix, 1977-78.

MATTOS, I. R. de. *O tempo saquarema*. São Paulo: Editora Hucitec, 1987.

_____; GONÇALVES, M. de A. *O império da boa sociedade. A consolidação do Estado imperial brasileiro*. São Paulo: Atual Editora, 1991.

MAURO, F. *O Brasil no tempo de dom Pedro II*. São Paulo: Companhia das Letras, 1991.

MEYER, M. *Folhetim. Uma história*. São Paulo: Companhia das Letras, 1996.

MIGUEL-PEREIRA, L. *Prosa de Ficção*. Rio de Janeiro: José Olympio, 1950.

NIETZSCHE, F. *Obras completas*. São Paulo: Abril Cultura, 1974.

NOVAIS, F. A. (Coord.). *História da vida privada no Brasil:* cotidiano e vida privada na América portuguesa. v.1. São Paulo: Companhia das Letras, 1997.

_____. *História da vida privada no Brasil:* Império. v.2. São Paulo: Companhia das letras, 1997.

ODA, A. M. R.; DALGALARRONDO, P. Ciclo reprodutivo e transtornos mentais no século XIX. *Revista Brasileira de Psiquiatria*, Campinas, Unicamp, v.22, n.1, p.22, 2000.

PALLARES-BURKE, M. L. G. *Nísia Floresta, o Carapuceiro e outros ensaios de tradução cultural*. São Paulo: Hucitec, 1996.

PINHO, W. *Salões e damas do segundo reinado*. São Paulo: Livraria Martins Editora, 1942.

PRADO JÚNIOR, C. *Evolução política do Brasil*: Colônia e Império. 16.ed. São Paulo: Brasiliense, 1988.

PRIMITIVO, M. *A instrução e as províncias*. Brasiliana, v.147-A, série 5. São Paulo: Companhia Editora Nacional, 1939.

REIS, A. D. R. *Cora*: lições de comportamento feminino na Bahia do século XIX. Salvador: FCJA; Centros de Estudos Baianos da UFBA, 2000.

RENAULT, D. *O dia-a-dia no Rio de Janeiro segundo os jornais 1870-1889*. Rio de Janeiro: Civilização Brasileira; Brasília: INL, 1982.

RIZZINI, C. *O livro, o jornal e a tipografia no Brasil, 1500-1822*. São Paulo: Imprensa Oficial do Estado, 1988.

ROHDEN, F. *Uma ciência da diferença*: sexo e gênero na medicina da mulher. Rio de Janeiro: Editora Fiocruz, 2001.

SCHAPOCHNIK, N. Contextos de leitura no Rio de Janeiro do século XIX: salões, gabinetes literários e bibliotecas. In: BRESCIANE, S. *Imagens da cidade, séculos XIX e XX*. São Paulo: Marco Zero; ANPUH-SP; Fapesp, 1993.

SCHWARCZ, L. M. *As barbas do imperador:* D. Pedro II, um monarca nos trópicos. São Paulo: Companhia das Letras, 1998.

SCHWARZ, R. *Ao vencedor as batatas*. São Paulo: Duas Cidades, 1977.

SILVA, M. B. N. da. *Cultura e sociedade no Rio de Janeiro (1808-1821)*. São Paulo: Companhia Editora Nacional, 1978.

_____. *Vida privada e quotidiano no Brasil na época de D. Maria I e D. João VI*. Lisboa: Estampa, 1993.

SUSSEKIND, F. *O Brasil não é longe daqui: o narrador, a viagem*. São Paulo: Companhia das Letras, 1990.

_____. *Tal Brasil, qual romance?* Edições Achiamé, 1984.

VAINFAS, R. (Org.). *Dicionário do Brasil Imperial (1822-1889)*. Rio de Janeiro: Objetiva, 2002.

VASCONCELOS, S. G. *Dez lições sobre o romance inglês do século XVIII*. São Paulo: Boitempo, 2002.

VEYNE, P. *Como se escreve a história* e *Foucault revoluciona a história*. Brasília: UNB, 1998.

VILLALTA, L. C. A censura, a circulação e a posse de romances na América portuguesa (1722-1822). In: ABREU, M.; SCHAPOCHNIK, N. (Orgs.). *Cultura letrada no Brasil*. Campinas: Mercado das Letras, 2005.

SOBRE O LIVRO

Formato: 14 x 21 cm
Mancha: 23,7 x 42,5 paicas
Tipologia: Horley Old Style 10,5/14
Papel: Off-set 75 g/m² (miolo)
Cartão Supremo 250 g/m² (capa)
1ª edição: 2013

EQUIPE DE REALIZAÇÃO

Coordenação Geral
Marcos Keith Takahashi

Impressão e Acabamento:

psi 7

Printing Solutions & Internet 7 S.A